Nur ein paar Stündchen

Nix wie raus, ganz schnell ins Grüne. Auch mit wenig Zeit lässt sich Großartiges erleben. Kleine und große Abenteuer warten direkt vor der Haustür.

4H

Raus für einen Tag

Man muss nicht das Land verlassen, um neue Welten zu entdecken. Einfach mal einen Tag lang raus aus dem Alltagsallerlei und rein in die Natur.

12H

Ferien für ein Wochenende

Warum auf die große Auszeit warten, wenn man einen Wochenendtrip ins nahe Umland machen kann? Vergnügen, Abenteuer und Wohlgefühl kompakt und intensiv.

36H

Abenteuer
ESKAPADEN
AUSZEIT
AUSGLEICH
Wochenende
FUN
STADT.LAND.
FLUSS.
LEICHTIG-
FREE
ERLEBEN
KEIT
GRÜN
kleine
Fluchten
Vege
Lebensfreude
NATUR
GLÜCK
von Yvonne Weik

LIEBE LESERIN, LIEBER LESER!

Abschalten. Ausatmen. Und den Akku mal wieder so richtig aufladen. Wo geht das besser als mitten in der Natur? Zum Glück gibt's davon im Schwarzwald mehr als genug!

Mit Rad oder Rodel, auf Ski oder im Segelboot, bei Sonne oder Schnee, rauf auf den Berg, runter ins Tal und wieder zurück: Kleine und große Abenteuer warten nur darauf, entdeckt zu werden.

Ein paar Stunden Zeit, mehr braucht man gar nicht. Und wer kann, bleibt am besten gleich ein ganzes Wochenende. Denn draußen zu sein macht einfach glücklich. Also Rucksack packen, Wanderschuhe an – und los geht's!

Viele wunderbare Eskapaden im Schwarzwald wünscht Ihnen, dir und euch

Yvonne Weiß

PS: Informationen zum GPX-Download gibt's auf Seite 224.

AUSZEIT.
ABENTEUER.
LEBENSFREUDE.

1. KAPITEL ABSTECHER

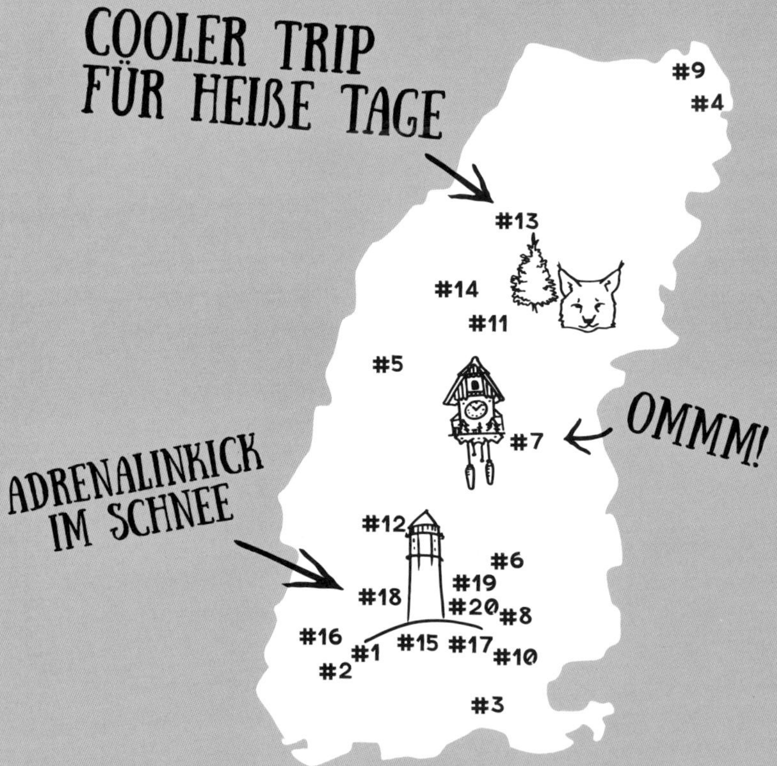

Nur ein paar Stündchen

4H

In einen kalten Bergsee springen, mit dem Alpaka spazieren gehen oder barfuß über Stock und Stein wandern? Das Abenteuer liegt oft viel näher als gedacht.

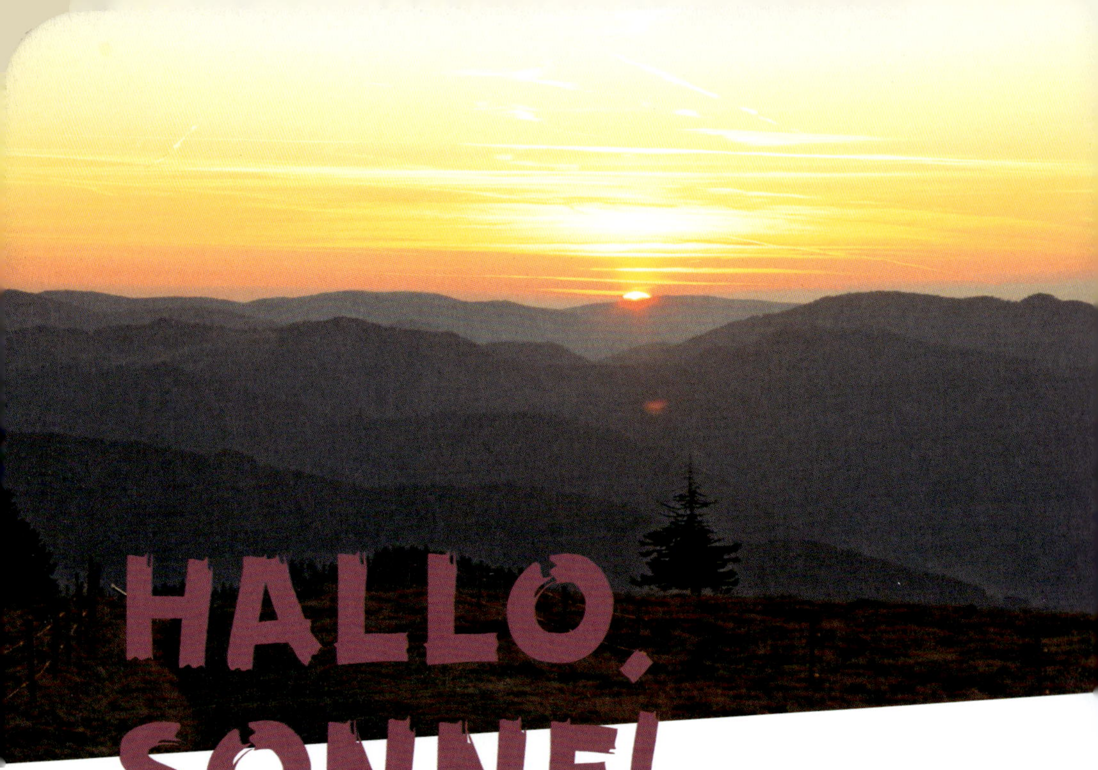

HALLO, SONNE!

... auf dem Belchengipfel

#1

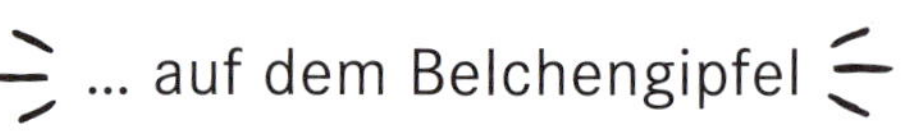

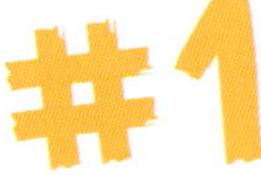

Dieser Tipp ist garantiert nichts für Langschläfer! Denn wer den Sonnenaufgang vom Belchengipfel aus sehen will, muss früh aufstehen – zumindest im Sommer. Doch es lohnt sich. Und wie!

#nixfürLangschläfer #aufzumGipfel #Morgenrot

→ Abstecher…

Einmal Gipfel und zurück: Hoch oben auf dem Belchen ist der Sonnenaufgang wunderschön.

Los geht's spätestens um fünf Uhr am Parkplatz bei der Belchenbahn. So früh fährt die Seilbahn noch nicht – das macht aber nichts: Eine Wanderung zum Gipfel dauert höchstens eine Stunde.

1414 Meter ist der Belchen hoch; er ist der vierthöchste Berg im Schwarzwald … und der schönste, wenn man einen Sonnenaufgang erleben will! Doch zuerst ist die Tour eher eine Nachtwanderung. Über Steine und Wurzeln geht's auf dem kürzesten Weg durch den Wald, immer den Schildern nach, bergauf Richtung Belchenhaus. So früh am Morgen wird klar, warum der Schwarzwald so heißt: Die Bäume schimmern tiefschwarz. Nur der Mond gibt Licht, Sterne funkeln. Es ist ruhig. Sehr ruhig. Man hört nur die eigenen Schritte. Rechts, links, rechts, links. Immer weiter bergauf.

Da kommt man etwas aus der Puste, aber dafür wird es einem auch schön warm. Das ist gut so, denn hier oben ist es selbst in

Sommernächten kühl. Deshalb: Dicke Jacke einpacken, und wer schnell friert, auch Handschuhe und Mütze. Nach 45 Minuten lässt man das Belchenhaus rechts liegen. Kaffee gibt's später. Der Gipfel ruft!

Noch einmal rechts abbiegen auf den Belchenrundweg. Hier oben stehen keine Bäume mehr, es ist viel heller als unten im Wald. Die Sonne färbt den Himmel hinter den Bergen schon rosa und lila. Dann, endlich, das Gipfel-

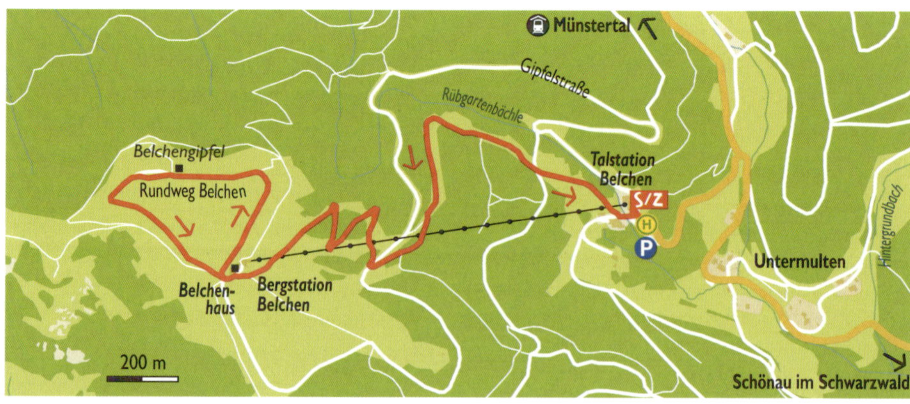

Morgenrot für Frühaufsteher: Was für ein Start in den neuen Tag!

kreuz! Jetzt noch ein paar letzte Höhenmeter, und geschafft: der Belchengipfel.

Kurz nach sechs Uhr geht dort im August die Sonne auf. Meistens warten nur wenige Menschen in der Morgendämmerung, manchmal ist man sogar ganz allein. Und schon geht es los: Hinter dem Feldberg taucht sie auf, knallrot. Stück für Stück schiebt sich die Glüh-Kugel hinter den Bergen hervor. Der Himmel leuchtet türkisblau. Wow! Dann ist die Kugel über den Bergen. Hallo, Sonne!

Hunger? Wer sein Frühstück mitbringt, kann es nach dem Sonnenaufgang mit herrlicher Aussicht genießen. Das Belchenhaus öffnet erst um 10 Uhr. Ein frühes Bergfrühstück gibt's dort nur mit einer gebuchten Tour. Die lohnt sich vor allem im Winter - mit Schneeschuhen.

FAZIT: ATEMBERAUBEND SCHÖN! WER EINMAL DEN SONNENAUFGANG VOM BELCHENGIPFEL GESEHEN HAT, KOMMT WIEDER – EGAL WIE SCHWER DAS FRÜHE AUFSTEHEN AUCH FÄLLT.

Hin & weg: So früh morgens mit dem Auto zum Parkplatz der Belchenbahn, tagsüber mit dem Belchenbus aus dem nahe gelegenen Schönau oder Münstertal (Zuganbindung).

Beste Zeit: Ganzjährig, am wärmsten ist es im August. Mehr Infos und Öffnungszeiten von Bahn und Belchenhaus unter www.belchen-seilbahn.de

Dauer & Strecke: Etwa 2–3 Std. und rund 5,5 km zu Fuß.

Ausrüstung: Warme Kleidung, evtl. auch eine Taschenlampe.

NONNENMATTWEIHER

NUR DIE RUHE ...

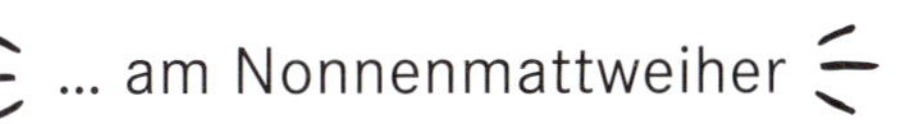

#2

Wer hätte gedacht, dass es hier oben so schön ist? Und so ruhig! Selbst viele Schwarzwälder kennen den kleinen Karsee nur aus Erzählungen. Er liegt zwischen Münstertal und Neuenweg, mitten im Südschwarzwald. Tannen spiegeln sich auf dem Nonnenmattweiher. Baumstämme liegen im Wasser. An der Torfinsel blühen Hochmoorblumen. Für diesen Blick reisen andere bis nach Kanada.

#wasfüreinWeiher #feelslikeKanada #RuheamSee

Wolkig mit Aussicht: Der Nonnenmattweiher ist zu jeder Jahreszeit schön. Besonders erholsam ist eine einsame Runde um den See im Frühling (rechts).

Irgendwie hat er etwas Magisches. Wie er so daliegt, zwischen den steilen Hängen mit den grünen Fichten. Wie die Sonne im Wasser glitzert. Viel Action braucht hier niemand. Eine Runde um den See, eine Pause auf einer Holzbank. Einfach nur schauen und genießen.

Kein Wunder, dass ein Naturschutzgebiet den Nonnenmattweiher umgibt. Er liegt auf mehr als 900 Meter Höhe, ein Gletscher hat sein Becken in der Eiszeit gebildet. Im Mittelalter wurde aus dem Karsee ein Moor. Zu Beginn des 18. Jahrhunderts stauten die Schwarzwälder mithilfe eines Damms das Wasser zu einem Weiher, um dort Fische zu züchten. Ein Teil des Moorbodens löste sich ab, schwamm nach oben und bildete eine Torfinsel. Die ist einmalig im Schwarzwald, mit seltenen Pflanzen, weshalb sie nicht betreten werden darf.

Baden ist erlaubt, aber nur in der Badebucht. Im Sommer kann es da schon einmal ordentlich voll werden. Denn das Wasser im sieben Meter tiefen Karsee ist auch an heißen Sommertagen mit 18 bis 20 Grad herrlich erfri-

---

Hin & weg: Busse halten in der Nähe, aber nur sehr unregelmäßig. Also besser mit dem Auto bis zum Parkplatz Nonnenmattweiher, von dort 10 Min. zu Fuß.

Beste Zeit: Zu jeder Jahreszeit schön. An heißen Sommertagen am besten frühmorgens kommen, bevor die anderen Badegäste den See bevölkern.

Dauer & Strecke: 30 Min. und 2,3 km rundherum zu Fuß; baden und relaxen: open end!

Ausrüstung: Decke und Picknickkorb, sonst nichts. Am See gibt es auch eine Grillstelle – also vielleicht Grillsachen mitbringen. Im Sommer Schwimmsachen einpacken.

schend. Wer außerhalb der Badesaison kommt, hat einen großen Vorteil: Ruhe!

Am schönsten ist ein Picknick am Seeufer. Für alle, die Hunger bekommen und keine Leckereien dabei haben, gibt es in der Fischerhütte kurz vor dem See Vesper und Getränke (www.fischerhuette-nonnenmattweiher.de). Wer etwas mehr Zeit hat, geht am besten hinauf zur Almgaststätte Kälbelescheuer; eine ausgeschilderte Rundwanderung dauert zweieinhalb Stunden, oder man nimmt das Auto und fährt gemütlich auf 1040 Meter. Aussicht und Bratkartoffeln dort sind klasse!

FAZIT: NATUR PUR – DER NONNENMATTWEIHER IST WAS FÜR GENUSSMENSCHEN. WER GLÜCK HAT UND DEN SEE SAMT TORFINSEL FÜR SICH ALLEIN, FÜHLT SICH FAST WIE IN KANADA.

→ ABSTECHER...

GRIFF FÜR GRIFF

... auf den Zäpfle-Turm in Höchenschwand

Von unten sieht der Aussichtsturm ziemlich riesig aus. Ist er auch! Der Zäpfle-Turm im Natursportzentrum Höchenschwand ist 51 Meter hoch. Hinauf geht es über 249 Treppenstufen. Mutige nehmen den Weg über die Kletterwand. Die hat es ganz schön in sich!

#demHimmelsonah #wasfürKlettermaxe #perfekterAlpenblick

Höchenschwand nennt sich selbst »Dorf am Himmel«. Und beim Klettern am Zäpfle-Turm kommt man dem Himmel tatsächlich ein ganzes Stück näher. Von unten sieht das ziemlich schwierig aus. Ist es auch! Der Weg ist klar: senkrecht nach oben. 40 Meter hoch ist die Sportkletterwand im Natursportzentrum. Bei ihrer Einweihung war sie die höchste und höchstgelegene Wand in Deutschland. Die Allerschnellsten klettern in weniger als zwei Minuten bis ganz nach oben. Wahnsinn! Oben angekommen heißt es dann: Abseilen! Das macht Spaß und schont die Oberarme.

Keine Angst: Anfänger können erst einmal in Ruhe an der Übungswand trainieren. Die ist nur neun Meter hoch und bietet vier verschiedene Routen. Griff für Griff geht es dort hinauf. Wer möchte, bucht einen Schnupperkurs zum Start. Dort geben Kletterexperten Tipps, wie man typische Anfängerfehler vermeidet. Der Wichtigste: Sich nicht mit den Armen hinaufziehen, sondern die Kraft aus den Beinen holen. Das hört sich leichter an, als es

---

Hin & weg: Am einfachsten mit dem Auto zum Natursportzentrum am Ortsrand, oder von Freiburg stündlich mit der Bahn nach Seebrugg, mit dem Bus nach Häusern und nach Höchenschwand umsteigen.

Beste Zeit: Plattform täglich 6–22 Uhr. Kletterer mit eigener Ausrüstung melden sich bei der Teamwelt an (www.teamwelt.de). Für Anfänger empfiehlt sich vor allem das Schnupperklettern der Tourist-Info Höchenschwand (Mai–Oktober, nach Voranmeldung, www.hoechenschwand-tourismus.de).

Dauer: So lange die Muskeln mitmachen.

Ausrüstung: Sportklamotten, den Rest gibt's für Anfänger beim Schnupperkurs. Wer hochsteigt 1-Euro-Münzen.

Graue Wolken, grüne Tannen: Vom Zäpfle-Turm aus sieht der Schwarzwald immer gut aus. Und wer das richtige Wetter erwischt, der hat von hier oben einen sensationellen Alpenblick.

ist. Deswegen ist der Muskelkater nach dem ersten Mal vorprogrammiert.

Auch wer nichts mit der Kletterei anfangen kann, ist in Höchenschwand absolut richtig. Den riesigen Betonturm kann man nämlich auch von innen bezwingen, und zwar ganz einfach über Treppenstufen. Auf der Aussichtsplattform angekommen, ist man natürlich etwas außer Puste, die Sicht über die Gipfel und Dörfer des Schwarzwalds entschädigt aber für alles. Und bei gutem Wetter gibt es die Alpen auch noch gratis dazu! Ob die Sicht gut ist, verraten vier Webcams. Also erst reinklicken auf www.hoechenschwand.de – und dann hochsteigen.

FAZIT: OB ÜBER DIE KLETTERWAND ODER BEQUEM DURCHS TREPPENHAUS, OBEN AUF DEM ZÄPFLE-TURM IST MAN DEM HIMMEL EIN GANZES STÜCK NÄHER. UND BEI GUTEM WETTER IST DAS WUNDERBARE ALPEN-PANORAMA WIRKLICH SPEKTAKULÄR!

ALPAKA AN DER LEINE

Wusch, und schon flitzt Fritzi los. Ohne Vorwarnung. Ein kurzer Sprint, das war's zum Glück. Gemütlich stapft das Tier weiter über die Wiese. Mit einem Alpaka an der Leine wird ein Spaziergang zum tierischen Abenteuer. Und das entspannt einfach jeden!

#Alpakatrekking #achwieknuffig #durchWaldundWiesen

Eines ist schnell klar: Die Alpakas zeigen, wo es langgeht. Ganz vorne läuft Fritzi. Immer. Er ist der Chef der Alpaka-Truppe. Die anderen folgen ihm, je nach Temperament mit mehr oder weniger Tempo. Wem es zu schnell wird: Leine loslassen! Denn Alpakas sind Herdentiere, die kommen immer wieder zurück, erklärt der Besitzer Fritz Kusterer.

Er kennt sich aus mit den liebenswerten Tieren. Gemeinsam mit seiner Frau Bettina züchtet er die Alpakas seit einigen Jahren. Die ersten fünf kamen mit dem Flugzeug aus Kanada, fünf weitere von der schwäbischen Alb. Mittlerweile leben rund 80 der Tiere auf dem wunderschönen Hof der Familie Melter-Kusterer, auf den Höhen des herrlichen Nagoldtals. Saftig grün sind die Wiesen hier selbst im Sommer. Kein Wunder, dass Fritzi plötzlich anfängt zu grasen. Die anderen machen es ihm sofort nach. Also: Vesperpause! Und zwar so lange, bis Fritzi genug hat. Das kann dauern. Alpakas haben ihren eigenen Rhythmus. Es sind gemütliche Tiere, und das überträgt sich schnell. Schon nach wenigen Metern streichelt man das Alpaka lieber, anstatt hektisch

---

Hin & weg: Mit dem eigenen Auto über Bad Liebenzell, dann hinauf nach Beinberg zum schönen Alpakahof der Familie Melter-Kusterer am Dorfende.

Beste Zeit: April–Oktober, freitags und an einzelnen Samstagen (Anmeldung auf www.bypaka.de).

Dauer & Strecke: 2 Std., rund 3 km.

Ausrüstung: Feste Schuhe für die tierische Tour durch Wald und Wiesen.

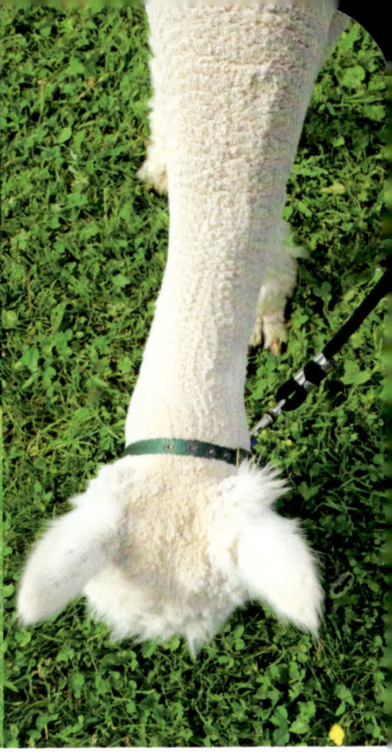

Ein Herz und eine Seele: Beim Alpaka-Trekking kommt man sich ganz schnell näher. Gemeinsam geht's dann durch Wald und Wiesen des Nagoldtals.

an der Leine zu ziehen. Entschleunigung vom Alltagsstress. Das tut gut!

Plötzlich hat Fritzi genug gegessen, er läuft los. »Komm, weiter geht's«, ruft mancher seinem Alpaka schnell zu. Denn wenn Fritzi zu weit weg ist, gibt es für die anderen der Herde nur noch ein Kommando: Hinterhergaloppieren! Da kann man noch so sehr an der Leine zerren - die Tiere sind stärker.

FAZIT: EINE SPAZIERTOUR ÜBER DIE LIEBLICHEN HÖHEN DES NAGOLDTALS IST EIN ERLEBNIS. ERST RECHT MIT EINEM ALPAKA AN DER LEINE.

Gut, dass am Ende des Alpaka-Spaziergangs eine kühle Holunderlimo wartet. Und auf die Alpakas der Stall – mit ganz viel Heu.

WILDE KRÄUTER TO GO

... bei Gengenbach im Kinzigtal

Löwenzahn, Brennnessel oder Gänseblümchen: Frische Kräuter sammeln macht einfach Spaß. Der Schwarzwald ist voll davon, man muss nur genau hinsehen. Und das beste an so einem Wildkräuter-Spaziergang? Das leckere, frische Vesper.

#DIY #Kräuterspaziergang #abindenKorb #undindenMund

→ ABSTECHER...

Himmlische Tour: Erst in den zauberhaften Kräutergarten in Gengenbachs Benediktinerabtei, dann ab ins Grüne.

Ein Korb, ein Messer und offene Augen – mehr braucht es nicht für das Kräuterexperiment. Querbeet geht's durch den Schwarzwald, auf der Suche nach dem perfekten Kräuterort. Der liegt mitten in der Natur, meist nur ein paar hundert Meter entfernt von einem der vielen Wanderparkplätze. Ein Tipp für Anfänger: Frische Kräuter sammelt man am besten in der Nähe eines Baches, im Wald oder auf natürlichen Wiesen, die nicht gedüngt werden. Also: einfach losgehen!

Wer zuvor etwas Inspiration braucht, fährt nach Gengenbach ins Kinzigtal. Im Kloster Gengenbach (Klosterstraße 4) gibt es einen wunderschönen Kräutergarten mit vielen Blumen und Kräutern. Direkt gegenüber in der Bäckerei Klostermühle noch ein frisches Holzofenbrot mitnehmen. Ein echter Geheimtipp!

Danach ist es Zeit für die Kräuterwanderung. Der Abtsberg über dem historischen Städtchen ist mit seinen Wiesen, Weinbergen und

Kreative Kräuterküche: Die Gänseblümchen landen auf dem Butterbrot, die Brennnesselblätter im Teewasser. Und wer bei den vielen kräutern schnell den Überblick verliert, der findet im Kräutergarten Orientierung.

Waldwegen ideal für eine Kräutertour. Wer Wildkräuter sammelt, muss genau wissen, um welches Kraut es sich handelt. Anfänger sollten besser mit einfachen Kräutern starten.

Zwischen hohem Gras wachsen meist viele Wiesenblumen. Unbedingt zugreifen bei Löwenzahn. Aus den frischen Blättern lässt sich ein leckerer Salat machen. Die Gänseblümchen landen direkt auf dem Bauernbrot – lecker! Wie wäre es dazu mit einem Brennnessel-Tee? Campingkocher aufstellen, Wasser kochen, Pflanzen rein, zehn Minuten ziehen lassen – fertig. Mit ein bisschen Honig schmeckt das richtig gut! Wer kein Teetrinker ist: Mit Brennnessel kann man experimentieren. Zum Beispiel Brennnessel-Kräuterbutter fürs nächste Grillfest. Oder ein Brennnessel-Omelett aus zwei Eiern, einer Handvoll Brennnesselblättern, Salz und Pfeffer. Erlaubt ist, was schmeckt!

Rezept Brennnessel-Kräuterbutter:

Eine Handvoll Brennnessel – am besten die jungen Triebspitzen mit den ersten sechs Blättern –,
drei Blätter Löwenzahn und
eine Knoblauchzehe klein hacken.
150 Gramm Butter und
etwas Salz dazu.
Alles verrühren – und genießen!

Wildpflanzen sollten übrigens nie mit der Wurzel geerntet, sondern mit einem scharfen Messer abgeschnitten werden. Dann legt man sie am besten in einen Korb oder Stoffsack, denn in einer Plastiktüte fangen sie an zu schwitzen. Auch wichtig: Sonnig und trocken sollte es sein, damit die Kräuter nicht gleich verschimmeln.

Wer Angst vor dem Fuchsbandwurm hat, sollte die Pflanzen abkochen.

Viele Schwarzwald-Gemeinden bieten übrigens geführte Kräuterwanderungen an. In Hofsgrund im Südschwarzwald gibt es schöne Touren auf dem Kräuter-Erlebnis-Pfad (www.kraeuterdorf-oberried.de).

Hin & weg: Der Klostergarten liegt mitten im Zentrum, der Abtsberg ist etwa 4 km entfernt.

Beste Zeit: Sammeln kann man prinzipiell das ganze Jahr über. Die größte Auswahl an frischen Kräutern gibt es im Frühjahr – und genaue Kalender im Internet.

Dauer: Bis der Kräuterkorb gefüllt ist.

Ausrüstung: Scharfes Messer, Korb oder Stoffsäckchen – und wer will: Butterbrot.

FAZIT: WAHNSINN, WIE VIELE ESSBARE PFLANZEN ES IN DER NATUR GIBT – SOBALD MAN GENAUER HINSIEHT.

EISKALTES BADE-VERGNÜGEN

Baden im stillen Bergsee? Im Sommer gibt's nichts Schöneres. Der Schwarzwald hat viele tolle Seen mit kaltem Wasser. Am einsamsten ist es wohl am Mathisleweiher bei Hinterzarten. Denn dorthin kommt man nur zu Fuß. Zum Glück!

Der rechte Fuß muss erst einmal langsam vortesten. Puhhh, ganz schön kalt. Doch kneifen gilt nicht. Zu schön ist es hier, mitten im Wald, am Mathisleweiher. Und wer weiß schon, wo und wann es mal wieder die Chance gibt, in einem einsamen Bergsee zu schwimmen?

Also rein ins Wasser! Klar ist es, und golden irgendwie. Und beim Schwimmen gar nicht so kalt. Immer wieder kommen warme Stellen, dann wieder kühle. Schwimmen, kraulen, abtauchen.

Der Mathisleweiher ist ein Moorsee. Sein Wasser fühlt sich darum besonders weich auf der Haut an – und ist im Sommer herrlich kühl. In einer guten Stunde spaziert man vom Bahnhof Hinterzarten dreieinhalb Kilometer hier hoch. Hinter dem Kurhaus geht es entlang des Zartenbachs durch den Ort und weiter zum Skimuseum. Ab dort folgt man der Erlenbrucker Straße, biegt dann rechts in den Mathisleweiher-Weg ein. Dann geht‘s immer geradeaus den Schildern nach. Manch einen schreckt die Strecke ab – und das ist auch gut so! Denn so gibt's sogar im Hochsommer ruhige Ecken, um das Handtuch auszubreiten.

Nach wie vor ist der verwunschene Mathisleweiher ein echter Geheimtipp. Kein Chlor, kein Kiosk – einfach Natur pur! Also am besten den Picknickkorb mitbringen. Denn oft bleibt man viel länger als geplant! Wer will, macht einen Abstecher zum Mathislehof. Im kleinen Bioland-Hofladen gibt's Käse, Wurst und frisches Bauernbrot – fertig ist das Schwarzwälder Vesper. (Achtung: Der Laden ist von Montag bis Mittwoch geschlossen).

Viele Wege führen zum Mathisleweiher. Wer den See gefunden hat, kann dort herrlich entspannen.

FAZIT: HINWANDERN, REINSPRINGEN, DURCHSCHWIMMEN: EIN BAD IM MATHISLEWEIHER IN HINTERZARTEN IST EINFACH HERRLICH ERFRISCHEND. UND ZWAR FÜR KÖRPER UND GEIST.

Hin & Weg: Mit der Bahn von Freiburg oder Donaueschingen nach Hinterzarten. Am Bahnhof startet der Weg.

Beste Zeit: Warmer Sommertag.

Dauer & Strecke: Ca. 1 Std. und 3,5 km zu Fuß. Dann heißt es: schwimmen und relaxen ...

Ausrüstung: Badesachen nicht vergessen. Und ein Picknick!

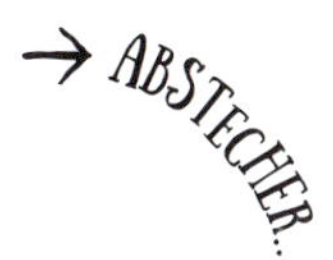

SONNEN-GRUẞ UND HÖHENLUFT

Wer will schon drinnen im Yogastudio hocken, wenn die Sonne scheint? Die Lösung ist ganz einfach! Yogamatte schnappen, und ab nach draußen. Der Schwarzwald bietet unendlich viele Plätze, um runterzukommen: Wald, Wiesen, Berggipfel, Seen. Und dazu ganz viel frische Schwarzwaldluft.

#OutdoorSonnengruß #YogaimFreien #frischeSchwarzwaldluft

Die Hände zum Himmel, die Füße auf der Erde: In der Natur fließt die Energie.

Ommm! Frische Luft strömt durch die Nase, hinab bis in den Bauch. Der Blick streift über die Wiese. Die Gedanken, gelassen. Der Alltag ganz weit weg. Nur dehnen, strecken, durchatmen ... und entspannen. Kein Handy, kein Telefon – nur der Wind und das Vogelgezwitscher. Über einem der blaue Himmel, unter einem der weiche Boden. Die Zehen spüren die Erde, die Haut warme Sonnenstrahlen. Kann Yoga intensiver sein als hier?

Plätze für das entspannte Outdoor-Yoga gibt es im Schwarzwald unzählige. Wer auf der Suche nach einem einsamen Lieblingsplatz ist, steuert am besten einen Wanderparkplatz an, packt die Yogamatte aus und geht einfach los. Schnell geht es meist, und schon hat man einen ruhigen Platz auf einer einsamen Wiese oder sogar mitten im Wald entdeckt. Und wer dort die Augen schließt und sich auf seinen Körper konzentriert, riecht sogar die Fichten und Tannen.

Wer Anleitung braucht, für den ist dieser Ort genau richtig: der Yoga-Natur-Pfad im Wald bei Lauterbach. Wie bei einem Trimm-Dich-Pfad lernen Anfänger an acht Stationen verschiedene Yoga-Übungen kennen: den »Baum« oder den »Helden« zum Beispiel. Jede Übung dauert etwa fünf Minuten. Einen guten Kilometer ist der Yogarundweg lang. Das Beste: Der Atem fließt, die Energie auch. Wer mitmacht, ist sofort entspannt und ausgeglichen.

Yoga tut einfach gut, immer und überall. Denn mit jedem Atemzug, mit jeder Asana, jeder Übung, fällt ein Stückchen Stress ab. Im Freien verstärkt sich dieser positive Effekt: Wer draußen Yoga macht, der kann viel besser relaxen.

Wissenschaftler wissen es schon lange: Schon eine Stunde in der Natur senkt den Cortisolspiegel, und der ist mitverantwortlich für unseren Stress.

Welcher Stress eigentlich? Langsam wachsen die Arme in den Himmel, zum Sonnengruß. Und näher können sie der Sonne nirgendwo kommen als hier draußen, mitten in der Natur. Ommm!

Ganz tief einatmen - und die Balance halten: Wer den Blick beim Outdoor-Yoga ins Weite richten will, sucht sich einen einsamen Platz am (Schluch-)See.

FAZIT: OUTDOOR-YOGA MACHT GLÜCKLICH. OB »BAUM«, »HUND« ODER »KRIEGER« – DRAUßEN MACHEN DIE YOGAÜBUNGEN NOCH VIEL MEHR SPAß. UND FRISCHE SCHWARZWALDLUFT IST EINFACH DER BESTE STRESSKILLER!

Hin & weg: Zum Yogapfad am Ortsrand von Lauterbach fährt man am besten mit dem Auto (www.lauterbach-schwarzwald.de).

Beste Zeit: Im Frühling und Sommer, wer keine Frostbeule ist, kann auch kühlere Tage nutzen.

Dauer: So lange die Energie fließt. Der Rundweg ist gut 1 km lang.

Ausrüstung: Yogamatte einpacken – und den Alltagsstress zuhause lassen.

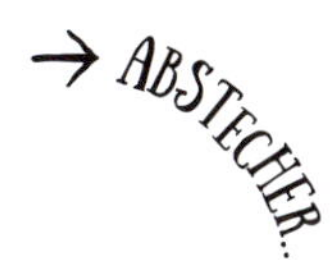

SOMMER, SONNE, SUP

Locker auf dem Brett stehen und in der Abendsonne ein bisschen übers Wasser paddeln: Am idyllischen Windgfällweiher geht das. Im Strandbad kann man Stand-Up-Paddling (SUP) ausprobieren – und dabei herrlich entspannen.

#abaufsBrett #cooleSache #Paddelabenteuer #undesistSommer

Bei schönem Wetter hinauffahren zum Windgfällweiher – und ab aufs Brett. Gute Idee! Denn die Basics sind auch für ungeübte Wasserratten einfach zu lernen: Paddel aufs Brett legen, hinknien, einen Fuß aufstellen, dann den nächsten, aufstehen, ausbalancieren, Paddel eintauchen, lospaddeln. Zugegeben: Ein bisschen wackelig ist es am Anfang schon. Zumindest bis beide Füße sicher auf dem Brett stehen. Doch mit etwas Gleichgewichtsgefühl und Übung klappt es schnell. Und schon paddelt man in der Abendsonne über den dunkel schimmernden Schwarzwaldsee.

Der Windgfällweiher ist für SUP-Anfänger einfach perfekt. Es gibt dort keine Strömung und keine Schiffe. So ist das Paddelabenteuer auf dem Wasser super entspannend. Nach wenigen Runden steht man lässig auf dem Board – den Schwarzwaldwind in den Haaren, die Sonne im Gesicht.

Wer gut geradeaus paddeln kann, trainiert einfach die nächste Schwierigkeitsstufe: Kurven drehen. Und falls es dabei doch mal etwas wackelig wird: Am besten nicht wie wild

---

Hin & weg: Die Bahn braucht 1 Std. von Freiburg bis zum Bahnhof Aha, dann geht's zu Fuß etwa 2,5 km bis zum Strandbad (etwa 30 Min.). Geht natürlich auch mit dem Auto.

Beste Zeit: Ende Mai–Anfang September.

Dauer: Eine Stunde auf dem Wasser, für den Anfang.

Ausrüstung: Wer hat, bringt seine Ausrüstung mit. Bretter und Paddel gibt's auch im Aloha-Center zu leihen. Dort kann man auch Schnupperkurse buchen (www.alohacenter.de).

Ab aufs Brett! Der Windgfällweiher ist das perfekte Revier für Wasserratten.

mit den Armen fuchteln - sonst geht man ganz schnell baden.

Aber mal ehrlich: An heißen Sommertagen gibt's ganz sicher Schlimmeres als eine kleine Abkühlung im Windgfällweiher ... Der sympathische kleine Weiher liegt etwas versteckt zwischen den großen Geschwisterseen Schluchsee und Titisee. Hier ist weniger los. Und das Strandbad (www.strandbad-windgfaellweiher.de) ist herrlich nostalgisch: Die Umkleidekabinen sind hinter denkmalgeschützten Holztüren versteckt. Und am kleinen Kiosk und an der Baywatch-Bar gibt's Muffins, Eis und kühle Getränke.

FAZIT: STEHENDPADDELN SIEHT LUSTIG AUS, MACHT ABER RICHTIG SPAß. UND WER EINFACH NUR FAUL AUF DER WIESE LIEGEN WILL: AUCH RELAXEN GEHT IM STRANDBAD WINDGFÄLLWEIHER PERFEKT.

→ ABSTECHER …

BARFUß INS GLÜCK

… bei Schömberg

Schuhe aus, Socken aus – und los geht's auf den Barfußpfad. Mit nackten Füßen über Baumstämme, Tannennadeln, Kies, Rindenmulch, Glasscherben. Und dann auch noch mitten rein in den kalten Matsch. Auch wenn es nicht so klingt: Das fühlt sich ziemlich gut an!

#WellnessfürdieFüße #durchdieMatschpampe #allesohneSchuhe

Die Füße sinken immer tiefer. Der kalte Matsch steht bis über die Waden. Rechts, links, und weiter durch die Matschpampe. Ziemlich gut, mal so richtig im Dreck zu stehen. Das ist der Höhepunkt des Barfuß-Rundgangs!

Zuvor hatten die Füße Zeit, sich an die neue Freiheit zu gewöhnen. Erst einmal ging es über Waldboden. Kleine Steine piksten, etwas unsicher setzte man die Füße auf. Dann kamen Hackschnitzel, noch warm von der Sonne. Und weiches Moos. Und grober Kies. Sand und Rindenmulch. Was Füße so alles fühlen können! Nächste Aufgabe: Balancieren über einen Baumstamm. Lange nicht mehr gemacht. Vor allem nicht barfuß. Jetzt einfach tun und sich drüber freuen! Auch, dass die Tannenzapfen unter der Sohle kitzeln. Und der Laubhaufen knistert und raschelt. In den vergangenen Jahren sind im Schwarzwald immer mehr Barfußpfade entstanden. Doch der bei Schömberg ist besonders schön. Er liegt so herrlich mitten im Wald. Es riecht nach Holz, die Vögel zwit-

---

Hin & weg: Am besten mit dem eigenen Auto, über die Landstraße zwischen Bad Liebenzell und Schömberg bis nach Bieselsberg. Beim Wanderparkplatz Mahdsbrunnen parken, dann der Beschilderung zur Kneippanlage Zweibronnen/ Barfußpfad folgen. Achtung: Die Schilder hängen etwas versteckt!

Beste Zeit: Mai–Oktober.

Dauer & Strecke: Für den 1 km langen Rundweg braucht man etwa 1 Std. Eintritt frei!

Ausrüstung: Handtuch einpacken, am Ende gibt's eine Kneippanlage: Da kann man sich dann bei einem erfrischenden Fußbad den Schwarzwaldschlamm von den Zehen waschen.

Da hängt man die Schuhe doch gerne an den Nagel: Auf dem Barfußpfad geht's ohne – über Stämme und durch den Matsch.

schern. Da wird die Barfußtour zum Erlebnis für alle Sinne. Gesund ist das Ganze auch noch: Barfußgehen massiert verschiedene Reflexzonen an den Füßen, fördert die Durchblutung und stärkt die Körperabwehr.

Vor allem aber macht es einfach Spaß! Mehr als 20 verschiedene Materialien liegen bei Schömberg mitten im Wald für die Füße bereit. Die größte Herausforderung: über Glasscherben gehen. Auch das klappt super – natürlich erst, nachdem man ganz kurz getestet hat, ob die Scherbenkanten auch wirklich abgerundet sind. Sind sie!

FAZIT: EIN BARFUßPFAD MITTEN IM WALD IST EINFACH SUPER. WELLNESS FÜR DIE FÜßE, FRISCHE LUFT FÜR DEN KOPF UND RUHE FÜR DIE GESTRESSTE SEELE – DAS LEBEN KANN SO EINFACH SEIN: MAN MUSS NUR AB UND ZU DIE SCHUHE AUSZIEHEN …

→ ABSTECHER...

BOOTSTOUR NACH FEIERABEND

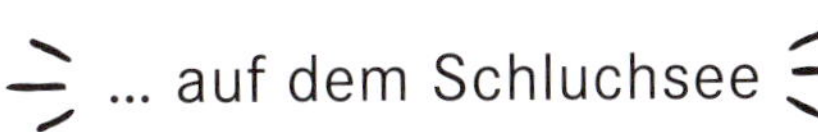

... auf dem Schluchsee

#10

Den Schwarzwald vom Wasser aus erleben: Besonders gut geht das mit einem Kanu. Ruhig zieht man damit seine Kreise und genießt das glitzernde Abendlicht und die Stimmung auf dem See. Schöner kann ein Tag nicht enden.

#Paddelfritze #einsamerSee #Abendstimmung

Blaue Stunde: Eine Kanutour auf dem Schluchsee ist das perfekte Abend-Abenteuer. Oft hat man den Stausee dann ganz für sich alleine.

Vollkommen still liegt der Schluchsee da, wie ein Spiegel. Die Sonnenstrahlen tanzen glitzernd auf dem Wasser. Ruhig gleitet das Boot über den See. Nicht mehr lange, dann wird das Licht hinter dem Feldberg verschwinden. Um diese Zeit ist der Schluchsee zauberhaft. Keine Straßen, keine Häuser, nur das dunkle Wasser, der wilde Wald und das felsige Ufer.

Tief taucht das Paddel ins Wasser. Mit jedem Schlag wird der Geist ruhiger. Es ist fast wie eine Meditation. Ein kühler Windhauch zieht über den See, die Gedanken mit ihm hinweg. Der Alltag – hier ist er so fern.

Keine Stromschnellen, keine Wehre, das Paddeln auf dem gut sieben Kilometer langen See ist ziemlich entspannt. Auch wenn sich Anfänger zu Beginn etwas wackelig im Boot fühlen – die Paddeltechnik hat jeder schnell kapiert. Wer alleine im Kajak sitzt, zieht ein Doppelpaddel durchs Wasser. Rechts, links, rechts, links. Die Knie drücken gegen die Außenwände, schon wackelt es weniger. Im offenen Kanadier sitzt man deutlich stabiler. Dort gibt es ein großes Stechpaddel. Wer zu zweit

---

Hin & weg: Die beste Variante ist mit dem Auto, zumindest wenn die Bootsausrüstung mittransportiert werden muss.

Beste Zeit: Sommer. Bei kühleren Temperaturen brauchen Frostbeulen eventuell einen Neoprenanzug.

Dauer: So lange die Arme mitmachen.

Ausrüstung: Boot, Paddel und Schwimmweste – mehr braucht man nicht. Wer hat, bringt das eigene Boot mit. Verschiedene Ausrüster im Schwarzwald vermieten alles, direkt am Schluchsee liegen die Boote von Rafftaff (www.rafftaff.de).

paddelt: Vorne auf der einen, hinten auf der anderen Seite. Schon gleitet das Boot sanft übers Wasser.

Übrigens: Gekentert wird meistens beim Einsteigen. Handy und Kamera sollte man während der Fahrt trotzdem immer in wasserdichte Tonnen oder Säcke packen. Und die Schwimmweste ist auch Pflicht. Eine Route auf dem Schluchsee gibt es nicht. Gepaddelt wird, wohin es einen so zieht. Und so lange, wie die Oberarme durchhalten. Spätestens, wenn es dunkel wird, ist die Tour dann vorbei. Doch bis dahin geht's erst mal immer weiter – über den spiegelglatten See.

FAZIT: EINE PADDELTOUR IM ABENDLICHT IST EIN TRAUM. WER DIE NATUR LIEBT, SOLLTE DAS AUF JEDEN FALL AUSPROBIEREN. AUCH, WENN DAS ORGANISIEREN DER AUSRÜSTUNG ETWAS ZEIT BRAUCHT.

Lotharpfad
Panoramarundweg

ÜBER BAUM UND STEIN

In nur 15 Minuten machte Lothar den Wald platt: Millionen alter Bäume hat der Orkan entwurzelt, einfach umgeknickt wie Streichhölzer. Wie die Natur sich davon erholt hat, das sieht man bei einem Spaziergang auf dem Lotharpfad.

Was für eine Wanderung: Zuerst geht's auf Holzwegen mitten durch den wilden Wald, danach gibt's ein Sonnenbad auf der Sandsteinliege.

Es war an Weihnachten 1999. Damals fegte Lothar über den Schwarzwald, und zwar mit bis zu 200 Kilometern pro Stunde. Er war der stärkste Orkan, der jemals im Schwarzwald gemessen wurde. Eine Waldfläche von 50 000 Fußballfeldern hat er zerstört. Wo Lothar wütete, hinterließ er nur noch Wildnis.

Auch hier, wo heute der Lotharpfad verläuft, im Nationalpark bei Freudenstadt. Aufgeräumt wurde hier nicht. Und zwar absichtlich. Wanderlustige sollen sehen, mit welcher Kraft Lothar über den Schwarzwald zog. Bäume liegen herum, Totholz. Aber weil sich die Natur schon erholt hat, ist es zum Teil überwachsen. Natürlich gekeimte Fichten wachsen in die Höhe – und junge Birken, die gab es hier vor dem Sturm überhaupt nicht.

Der Wanderweg führt über Holztreppen und Stege mitten hinein in den neuen Wald. Auf einer Sandsteinliege kann man gemütlich eine Pause machen, und vom Aussichtsturm gibt

---

Hin & weg: Der Parkplatz liegt direkt an der Schwarzwaldhochstraße (B 500) bei Freudenstadt. Noch besser fährt man öffentlich: Bus 100 ab Freudenstadt, in 30 Min. bis Haltestelle Lotharpfad.

Beste Zeit: Das ganze Jahr über. Definitiv super zum Sonnenuntergang, dann ist oft deutlich weniger los.

Dauer & Strecke: Der nur 1 km lange Rundweg kann durch den neuen Spechtpfad (1,5 Std. und insgesamt 2,5 km) erweitert werden. Beide Pfade liegen direkt nebeneinander.

Ausrüstung: Feste Schuhe und ein Vesper.

es immer noch einen grandiosen Blick: über neue Fichten und den dunklen Nordschwarzwald. Von hier den malerischen Sonnenuntergang mit Blick auf die Rheinebene genießen – ein Traum.

Wer darüber hinaus mehr über den wilden Wald erfahren will: Im Nationalparkzentrum Ruhestein gibt's eine interaktive Ausstellung (außer Montag täglich, Infos auf www.nationalpark-schwarzwald.de).

FAZIT: ENTSPANNTE RUNDE ÜBER STEINE, STEGE UND STÄMME. NOCH DAZU EIN SCHÖNER SUNDOWNSPOT. AM BESTEN ABENDS KOMMEN!

FEUER UND FLAMME

... bei einem Lagerfeuer in St. Peter

#12

Ums knisternde Lagerfeuer zu sitzen macht nicht nur zufrieden. Es wärmt auch so schön, und zwar von innen und außen. Vor allem, wenn Freunde zusammensitzen, gemeinsam essen, erzählen. Im Schwarzwald locken ganz viele Grillstellen. Holz besorgen, Stockbrotteig machen, Würstchen einpacken: Wer ist da nicht sofort Feuer und Flamme?

#romantischesLagerfeuer #DIYStockbrot #WürstchenamSpieß

Grillmeister und Lagerfeuerfreundinnen aufgepasst: Hier kommt ein heißer Tipp für ein Schwarzwald-Barbecue. Hoch über St. Peter liegt der perfekte Ort. Mitten im Grünen, mit Tischen und Bänken aus Holz, einer kleinen Schutzhütte und einem Schwenkgrill. Und vor allem mit einer spektakulären Aussicht über Wiesen und Wälder, in die Rheinebene bis zu den Vogesen. Wenn hier die Funken schlagen, ist die Welt in Ordnung.

Damit so ein Lagerfeuer auch richtig lodert, braucht's vor allem eines: Zunder! Trockenes Laub oder Rinde brennt besonders gut. Notfalls geht's auch mit Zeitungspapier, oder - ja richtig - mit Kartoffelchips! Die brennen durch ihren Fettgehalt nämlich besonders gut.

Am besten klappt das Anfeuern mit einer Lagerfeuerpyramide. Den Zunder in die Mitte, Stöckchen drüber, dann trockenes Feuerholz. Holz gibt's im Schwarzwald genug, kaufen kann man es sogar an Tankstellen und im Supermarkt. Jetzt wird es spannend: Brennt die Pyramide auch so gut, wie sie aussieht? Eines ist wichtig: Im Wald ist Feuermachen verboten, und zwar nicht nur bei Waldbrandgefahr.

Hin & weg: Mit dem Auto bis St. Peter, dann der Beschilderung Schmittenbach folgen. 3,5 km die kleine Straße hinauf Richtung Potsdamer Platz zum Parkplatz. Kurz unterhalb liegt auf der rechten Seite der Grillplatz (keine Anmeldung, kostenlos).

Beste Zeit: Klassischerweise der Sommer. Doch auch im Herbst kann so ein Lagerfeuerabend romantisch sein. Und im Winter erst: mit Glühwein und Bratäpfeln!

Dauer: So lange, bis das Brennholz aus ist.

Ausrüstung: Material fürs Lagerfeuer. Feuerzeug nicht vergessen! Und natürlich genügend Essen.

Wenn das Feuer richtig lodert, sind die Grillwürste ratzfatz fertig.

Deswegen eine der öffentlichen Grillstellen aufsuchen, von denen es im Schwarzwald massenhaft gibt. Eine Übersicht der Top-Grillplätze gibt's im Internet (www.hochschwarzwald.de/grillen).

Mit Freunden und Familie rund ums Lagerfeuer sitzen und essen, das ist einfach so richtig gemütlich. Und irgendwie auch romantisch. Die einen schwelgen beim Blick in die Flammen in Erinnerungen, andere träumen von neuen Abenteuern. Wenn jetzt noch jemand die Gitarre auspackt ...

Ganz wichtig: kein Lagerfeuer ohne Stockbrot! Der Teig lässt sich schnell vorbereiten, und zwar als Schwarzwälder Variation.

500 Gramm Mehl in die Schüssel, eine Kuhle in die Mitte und
einen halben Würfel Hefe hineinbröseln.
Dann etwas Waldhonig und
200 Milliliter lauwarmes Wasser dazugeben
und 20 Minuten gehen lassen.
Fehlt nur noch
Salz,
Pfeffer
und – wer mag – Kümmel.

Alles gut durchkneten.
Lange Äste gibt es im Wald genügend. Auf die werden Landjäger gespießt, der Teig wird drum herumgewickelt, die Stöcke über das Feuer gehalten. Ein bisschen Geduld, und dann genießen. Dazu noch eine Kartoffel aus der Glut, wer mag mit einem Klecks frischem Quark obendrauf. Schmeckt richtig lecker!

FAZIT: STATT AUF DAS SMARTPHONE LIEBER MAL WIEDER INS LAGERFEUER SCHAUEN. DAS MACHT EINFACH GLÜCKLICH!

An die Paddel, fertig, los!

#13

Das Wasser spritzt. Die Paddel tauchen ein. »Los«, feuert der Steuermann seine Crew an. Freunde, Familien, Freizeitpaddler: Beim Soft-Rafting auf der Murg sitzen alle in einem Boot. Und kentern schon mal gemeinsam.

#wildesWasser #abinsSchlauchboot #überdieWellen

Paddel schnappen, Helm auf, Schwimmweste an. Ohne geht's nicht auf die wilde Murg. Zwar ist die kein Gebirgsfluss, aber hier in Forbach im Nordschwarzwald gibt's tatsächlich ein paar sprudelnde Stromschnellen und Steine. Also rein ins Schlauchboot und ab geht's!

Erstes Manöver: Ablegen! Der Steuermann lenkt, der Rest der Crew paddelt. Schnell treibt das Boot auf die erste große Stromschnelle zu – die Walze. Warum die so heißt, wird sofort klar: Das Wasser wirbelt über Steinstufen und Felsen. Jetzt heißt es Ruhe bewahren – und ab durch die Mitte.

Die Zuschauer auf dem Holzsteg am Ufer klatschen. Noch lauter ist der Applaus allerdings, wenn ein Boot kentert und die Crew gemeinsam über Bord ins Wasser geht. Gefährlich ist das nicht. In der Murg können Erwachsene locker stehen. Und an heißen Sommertagen kommt so eine Abkühlung gerade recht.

Hin & weg: Mit dem Zug nach Karlsruhe oder Freudenstadt, dann weiter mit der Murgtalbahn bis nach Forbach. Weiter zur Murgtal-Arena am Flussufer im Murggarten, direkt bei der Murghalle (10 Min. zu Fuß).

Beste Zeit: In den Sommermonaten.

Dauer: Min. 2 Std. – oder so lange die Arme mitmachen. Vor dem Soft-Rafting-Abenteuer unbedingt im Internet anmelden (www.murgtal-arena.de).

Ausrüstung: Helm und Schwimmweste werden gestellt, an kalten Tagen gibt's auch Neoprenanzüge. Mitbringen sollte man T-Shirt, kurze Hose und Schuhe, die nass werden dürfen (keine Flip-Flops). Und für danach: trockene Ersatzkleidung!

Alle in einem Boot: Gemeinsam geht es über das ruhige Wasser und durch die wilden Stromschnellen. Nach 300 Metern ist die Paddel-Tour vorbei, und die Crew muss kräftig anpacken.

Etwas Kraft in den Oberarmen braucht man schon, um durchs Murgwasser zu paddeln. Und vor allem, um das Schlauchboot am Ende der Fahrt wieder zurück zum Start zu tragen. Die Paddel-Strecke ist nämlich nur rund 300 Meter lang. Doch wer kann, paddelt einfach direkt wieder los. So lange, bis alle ausgepowert sind!

Wer einen ganzen Tag lang an der Murg Abenteuer erleben möchte, bucht am besten einfach auch noch die Flussbettwanderung dazu – inklusive Abseilen von einer 15 Meter hohen Brücke!

FAZIT: DIE SCHLAUCHBOOTTOUR AUF DER MURG IST ZWAR NICHT LANG UND VOR ALLEM WAS FÜR ANFÄNGER. DOCH AUCH ALLE ANDEREN HABEN RIESIGEN SPAß BEIM PADDELN – UND BEIM KENTERN!

→ ABSTECHER …

MAGISCHER MÄRCHEN-WALD

… an den Allerheiligen-Wasserfällen

#14

Mitten drin im Märchenwald: Grünes Moos wächst auf den morschen Stämmen. Laub raschelt leise unter den Schuhen. Das Wasser gluckst und blubbert. Die Allerheiligen-Wasserfälle faszinieren. Ein perfekter Ort zum Abschalten!

#wunderschönerWasserfall #alleinimMärchenwald #alteKlostermauern

Handynetz? Von wegen! In das enge Tal im Nordschwarzwald dringen nur Licht und Wasser. Der Grindenbach hat hier eine tiefe Schlucht in die Felswände gehöhlt. Sein Wasser sprudelt über sieben Kaskaden, 83 Meter hinab bis ins Lierbachtal.

Der Sagenrundweg führt vom Eingang der Wasserfälle hinauf, zunächst immer am Wasser entlang. Vor 200 Jahren musste man sich über Leitern die Schlucht hinaufquälen, um den größten natürlichen Wasserfall des Nordschwarzwalds zu sehen. Heute ist es viel einfacher: Zwar ist der Weg über die vielen Treppenstufen anstrengend, mit guten Schuhen aber einfach zu begehen. Wer im Winter unterwegs ist, hat die Natur fast für sich allein, nur selten kommt jemand entgegen. Man hört nichts – bloß das Wasser und den Wind.

Nach einer guten halbe Stunde geht's oben hinaus aus der Schlucht. Der Weg wird breiter, der Wald lichter. Hausdächer sind zu sehen. Nur noch ein paar Schritte bis zum Kloster Allerheiligen. Heute stehen nur noch wenige Mauern, doch wer mit Fantasie durch die Ruine spaziert, kann sich vorstellen, wie das Klosterleben im Mittelalter war. Bis 1803 lebten dort Mönche, mitten im Wald. Im kleinen Museum gibt es ein Modell der ehemaligen Klosteranlage.

Ein Tee oder eine Suppe gefällig? Dann schnell auf ins Gasthaus Klosterhof (www.kloster-allerheiligen.de). Anschließend geht's weiter, noch tiefer in den Wald, entlang des Sagenrundwegs. Das Ziel: die Engelskanzel. Von hier blickt man hinab ins Lierbachtal. Auf die Schlucht. Und die Wasserfälle. Die sehen von oben plötzlich so klein aus ...

Faszinierende Fälle: Der Sagenrundweg führt hinauf zur Klosterruine Allerheiligen. Wanderschuhe mit fester Sohle sind hier Pflicht, vor allem im Winter.

FAZIT: DIE ALLERHEILIGEN-WASSERFÄLLE SIND AN GRAUEN WINTERTAGEN BESONDERS FASZINIEREND. DAS MOOS LEUCHTET DANN HERRLICH GRÜN. UND ES IST KAUM JEMAND UNTERWEGS.

Hin & weg: Mit der Nationalpark-Regiobuslinie 425 bis zu den Wasserfällen, z. B. vom Bahnhof Oppenau in 15 Min. Im Winter alle zwei Stunden, im Sommer stündlich.

Beste Zeit: Graue Wintertage.

Dauer & Strecke: 2–3 Std. und 5 km zu Fuß auf dem Sagenrundweg, mit Einkehr länger.

Ausrüstung: Unbedingt Schuhe mit guter Sohle!

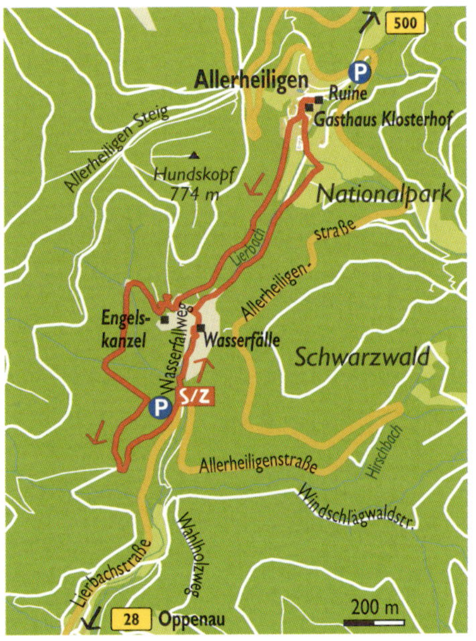

→ Abstecher …

Mit dem Sessel auf Reisen

… zum Hasenhornturm in Todtnau

#15

Wer die Wahl hat, hat die Qual! Im Schwarzwald warten mehr als 50 Aussichtstürme. Doch der Hasenhornturm lohnt sich besonders. Auf 1156 Metern bietet er einen spektakulären Blick auf die höchsten Gipfel des Südschwarzwalds. Hinauf geht's bequem: Wer will, kann sich im Sessellift zurücklehnen.

#aufdenTurm #BlickinsTal #hoheBerge #wasfüreinGipfelstürmer

Der Blick zurück lohnt sich. Wie klein die Häuser sind, wie majestätisch die Zwiebeltürme der Kirche St. Johann Baptist. Vom Sessellift aus sieht das Schwarzwaldörtchen Todtnau wunderschön aus. Die Fahrt hinauf ist ein kleines Abenteuer. Nicht ganz so bequem wie der Fernsehsessel zu Hause, aber mit besserer Aussicht. Immer höher wird es, der Wind weht einem um die Nase, es schaukelt ein bisschen. Gut ausgeruht oben angekommen, geht's dann weiter hinauf – man muss einfach den Schildern Turmsteig folgen.

Dieser führt durch den Wald. Der Boden ist weich, die Bäume spenden Schatten. Das ist gut so, denn der Weg wird immer steiler, der Atem schneller, die Angelegenheit schweißtreibender. Eine gute halbe Stunde steigt man immer weiter, etwa 150 Höhenmeter sind es bis zum Hasenhornturm. Obendrauf kommen noch einmal 81 Stufen! Dann ist es geschafft. 20 Meter ist der Turm hoch. Und die Aussicht einfach genial.

Jetzt heißt es genießen: Direkt vor einem liegen die höchsten Berge des Schwarzwalds. Eine Tafel hilft bei der Orientierung. Der Feldberg. Das Herzogenhorn. Der Belchen. Und

Hin & weg: Mit der Bahn bis Kirchzarten, Titisee oder Zell, dann mit dem Bus nach Todtnau.
Mit dem Sessellift zum Hasenhorn (täglich geöffnet, www.hasenhorn-rodelbahn.de), weiter zu Fuß.

Beste Zeit: Diese Tour geht immer, bei Sonne und Schnee. Im Sommer frühmorgens weniger Wartezeit.

Dauer & Strecke: 10 Min. mit dem Lift, dann ½ Std. zu Fuß (Schildern Turmsteig folgen; wer es weniger steil mag, geht am Lift rechts hinauf). Etwa 1,5 km.

Ausrüstung: Feste Schuhe, wer hat: Fernglas. Im Winter Schlitten mitnehmen – oder ausleihen.

Was für ein Höhepunkt: Der Hasenhornturm ist einer der schönsten Aussichtstürme im Schwarzwald. Vom Berg ins Tal geht's rasant mit dem Rollercoaster. Wer's gemütlicher mag, schaukelt mit Aussicht.

weit unten zwischen den Bergen liegt friedlich das Wiesental.

Wer noch nicht genug hat, wandert auf dem sechs Kilometer langen Rundweg einfach weiter bis zur gemütlichen Gisiboden-Alm. Mit Blick aufs Hasenhorn und den Belchen schmecken ein Vesper mit Schwarzwälder Schinken oder ein Stück Kuchen besonders gut. Einkehren kann man auch im urigen Berggasthaus Hasenhorn, direkt an der Bergstation. Der Blick von der Terrasse ist einfach traumhaft. Wer Geschwindkeit liebt: Statt der Sesselbahn auf Schienen mit dem Hasenhorn-Coaster ins Tal sausen. Und im Winter mit dem Schlitten.

FAZIT: AUSSICHTSTÜRME IM SCHWARZWALD SIND IMMER EIN HÖHEPUNKT. DIE HASENHORN-TOUR LOHNT SICH BESONDERS. HINAUF GEHT'S MIT DEM SESSELLIFT, OBEN LOCKEN EINE HERRLICHE AUSSICHT UND GUTE EINKEHRMÖGLICHKEITEN.

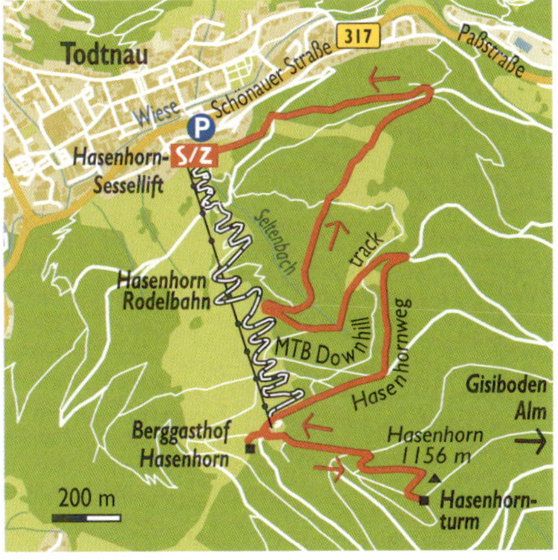

FLIEG, DRACHEN, FLIEG!

#16

Unten im Tal versinkt die Welt im Nebel, doch oben auf dem Berg scheint die Herbstsonne. Und ganz oben am blauen Himmel, da flattert er in der kühlen Luft. Nach links, nach rechts. Und dann ein kleiner Looping. Drachen steigen zu lassen macht einfach Spaß.

#mitdemWind #LoopingsamHimmel #Kinderträume

Flattern und fliegen: Beim Drachenfest in Hütten gehen besondere Flugexemplare in die Luft. Auf dem Belchen gibt's stattdessen beste Alpensicht.

Hier oben auf dem Belchengipfel weht immer der Wind. Perfekt für den Drachen. Ganz leicht fliegt er seine Runden. Wenn man den Dreh wieder raus hat, ist es ganz einfach: Drachen in den Wind, Leine geben – losfliegen. Wie lange hat man das nicht mehr gemacht? Und warum eigentlich? Für Kinder gehört Drachensteigen zum Herbst wie Äpfel, Nüsse und Gummistiefel. Das vergisst man als Erwachsener oft. Schade!

Dabei macht Drachen steigen lassen so viel Spaß. Und ein Herbstausflug auf den Belchen ist herrlich. Hinauf geht's ganz bequem mit der Belchenbahn. Von dort sind es nur 30 Minuten bis zum Gipfel. Wer mehr Bewegung braucht, nimmt ab der Talstation einen der ausgeschilderten Wanderwege. Besonders schön ist der Gipfelrundweg. Während im Tal der Herbstnebel hängt, scheint auf dem Belchen auf 1414 Meter Höhe die Sonne. Die Alpen tauchen am Horizont auf. Und am blauen Himmel tanzen bunte Drachen. Einfache Modelle, die etwas Wind aushalten, gibt es schon ab 25 Euro zu kaufen. Die Auswahl ist groß. Drachen mit einer Leine flattern schön im Wind, lassen sich aber nicht so gut steuern.

Wer die Flugrichtung beeinflussen und ein paar Manöver fliegen möchte, sollte deshalb besser in zwei Leinen investieren. Entscheiden muss man sich: Will man lieber einen Lenkdrachen oder eine Lenkmatte? Beide fliegen gut. Ein bisschen Gefühl, etwas Übung, und schon machen die Drachen Loopings am Himmel.

Wer besonders ausgefallene Exemplare sehen will, der darf das Drachenfest in Hütten im Hotzenwald nicht verpassen. Anfang September flattern dort internationale Drachen in der Luft – bei Flugshows, Wettkämpfen und beim Nachtfliegen (Infos: www.drachenfest-huetten.de).

Hin & weg: Der Belchenbus fährt vom Bahnhof Münstertal (mit Anschluss aus Freiburg) und aus Schönau zur Talstation der Belchenbahn. Mit der geht's bequem nach oben.

Beste Zeit: Wenn's Wind hat, und das kommt im Schwarzwald oft vor. Im Herbst ist es aber am schönsten. Denn bei Inversionswetterlage flattert der Drachen in der Sonne – und der Blick auf die Alpen ist genial.

Dauer & Strecke: Gipfelrundweg 2 Std. und 5,5 km. Drachensteigen: so lange Wind und Laune wollen.

Ausrüstung: Drachen nicht vergessen!

Wird auf dem Belchen der Wind stärker, dann zieht der Drachen ganz schön an der Leine. Achtung: Gegengewicht geben, sonst fliegt man mit. Zum Glück gibt's hier oben genug Platz, auch wenn im Herbst viele Drachenbesitzer herkommen. Freie Bahn für die Drachen!

FAZIT: BEI GRAUEM WOLKENHIMMEL IM TAL EINFACH MAL DEN DRACHEN EINPACKEN UND RAUF AUF DEN BERG. DAS MACHT EINFACH GUTE LAUNE!

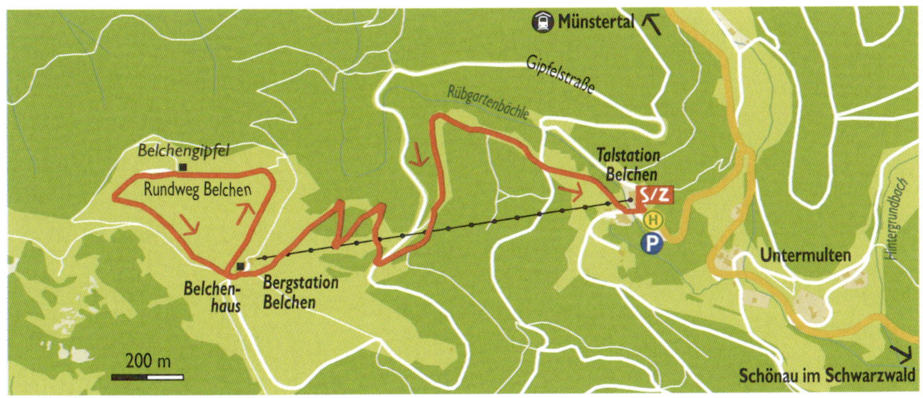

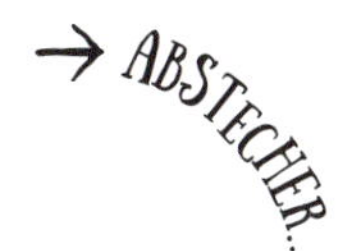

ENTSPANNT UNTERTAUCHEN

#17

Im Liegestuhl entspannen, ein gutes Buch lesen und danach vom warmen Wasser aus in den dunklen Schwarzwald blicken. Wer sich eine kleine Auszeit gönnen will, der verbringt einfach einen halben Tag im Radonbad. Raus aus dem Alltag – rein ins warme Wasser.

#packdieBadehoseein #abtauchen #Stresslassnach

Der Liegestuhl ist herrlich bequem. Und der Schwarzwaldkrimi so spannend, dass man den Alltag ganz vergisst. Macht aber nichts! Zeit spielt hier im Radonbad ausnahmsweise mal keine Rolle. Noch ein Kapitel, und dann wird abgetaucht. 32 Grad Celsius warm ist das Wasser im Innenbecken, wie in einer großen Badewanne. Einfach losschwimmen – und genießen. So leicht fühlt sich der Körper hier an. Die Muskeln entspannen sich, der Kopf auch. Der Blick schweift hinaus durch die großen Panoramafenster. Dort draußen stehen sie, die dunklen Schwarzwaldtannen.

Relax-Runde zwei: Ab in die Sauna! Sich mal ordentlich ausschwitzen, das tut richtig gut. Danach erst mal wieder abkühlen, am besten unter der Erlebnisdusche. Wer ganz mutig ist, der stürzt sich ins Tauchbecken. Fühlt sich an wie frisch geboren ...

Egal wie das Wetter ist, Hinausschwimmen ins Außenbecken gehört dazu. Die Luft ist so herrlich, und der Blick erst. Bäume, Berge, Wiesen. Mitten in der Natur. Ganz tief durchatmen, und den Akku wieder aufladen. So

---

Hin & weg: Am einfachsten mit dem eigenen Auto, Parkplätze gibt's direkt vor dem Badeingang.

Beste Zeit: Wochentags – am Wochenende und in den Ferien ist das Bad meist überfüllt und es kommt zu Wartezeiten (Infos: www.radonrevitalbad.de). Besonders schön ist es bei Schnee, Nebel und Regen.

Dauer: Badezeit 4 Std.

Ausrüstung: Badesachen und ein gutes Buch.

Modernes Design mitten im Schwarzwald: Im Radonbad in Menzenschwand gibt's warmes Wasser und Entspannung. Draußen im Garten lockt anschließend ein Sonnenbad mit Blick ins Grüne.

einfach ist das. Jetzt wartet noch der Barfußpfad auf der Naturmoorwiese. Zugegeben: An kühlen Tagen braucht es etwas Überwindung, um aus dem Becken zu steigen. Es lohnt sich trotzdem.

Und danach? Schnell zurück ins warme Wasser hüpfen – und weiter dümpeln. Und wer gerade nicht hier in der Nähe ist: Im Schwarzwald locken rund 15 Thermalbäder mit unterschiedlicher Größe und verschiedenen Wellnessangeboten. Da ist für jeden was dabei.

FAZIT: IM WARMEN WASSER LIEGEN, DIE SCHWARZEN BERGHÄNGE IM BLICK? MEHR ENTSPANNUNG GEHT NICHT! EINFACH MAL ABTAUCHEN – UND GLÜCKLICH SEIN! DAFÜR IST DAS KLEINE, MODERNE BAD IN MENZENSCHWAND PERFEKT.

→ ABSTECHER…

NERVENKITZEL AM SCHIEẞSTAND

… beim Biathlon am Notschrei

#18

Das Herz schlägt bis zum Hals. Die Beine zittern. Wie soll man da diese klitzekleinen 50 Meter entfernten Zielscheiben treffen? Was bei den Biathlon-Profis einfach aussieht, wird für Anfänger am Schießstand der Nordic-Arena zur Herausforderung. Da hilft nur eines: Ruhig bleiben – und abdrücken!

#Biathlonfürjeden #allefünf #laufenundschießen #immerruhigbleiben

Eigentlich trainieren im Nordic-Center am Notschrei die Profis. Doch beim Biathlon-Schnupperkurs kann jeder mitmachen. Vorkenntnisse? Nicht notwendig! Ein paar Übungen in der Loipe, schon kann man sich auf den dünnen Langlaufskiern fortbewegen. Und wer denkt, Schießen ist nur was für echte Männer, der täuscht sich gewaltig: Ob Frau oder Mann, am Schießstand im Schwarzwald packt jeden der Ehrgeiz.

Weil alle Anfänger oder Amateure sind, gibt's ein Lasergewehr statt dem üblichen Kleinkaliber: Sieht genauso aus wie das Original und wiegt etwa vier Kilo. Ziemlich schwer für untrainierte Oberarme, darum stehen Holzblöcke zum Ablegen bereit. Übung eins: Liegend schießen, das ist einfacher als im Stehen. Eine kurze Einführung von Trainer Michael, ein paar Tipps zum stabilen Liegen auf der roten Matte – los geht's. 50 Meter sind die fünf Zielscheiben entfernt. Ziemlich weit! Und ziemlich klein. Durchladen, durchatmen, durchziehen. »Peng«, schallt es aus dem Lautsprecher. Die Scheibe fällt. Treffer!

Nach der Einheit am Schießstand geht's dann auf die Langlaufskier. Techniktraining ist angesagt. Erst einmal ganz einfach geradeaus rutschen, dann ein bisschen bergab, bremsen üben. Danach geht es in die Loipe. Erst ohne Stöcke, dann mit. Nach ein paar Übungen hat man den Dreh raus, und gleitet über den Schnee.

Am Ende wird es richtig spannend: Der Wettkampf-Staffellauf ist die größte Herausforderung des Biathlon-Abenteuers. Laufen – schießen – laufen. Und dann abklatschen. Keine Angst: Das Gewehr muss niemand

Laufen, laden, schießen: Beim Biathlon-Schnuppertraining am Notschrei fühlt sich jeder wie ein Profisportler.

auf dem Rücken mitschleppen. Gut so, man kommt auch ohne schnell ins Schwitzen. Die kleine Laufrunde bringt den Kreislauf ordentlich in Schwung, vor allem bergauf mit den dünnen Brettern! Am Schießstand zeigt sich dann, wer seinen Pulsschlag im Griff hat – und die Nerven ...

FAZIT: PERFEKTE FETTVERBRENNUNG BEIM LANGLAUF, NERVENKITZEL AM SCHIEẞSTAND – UND GANZ VIEL SPAẞ.

Hin & weg: Nordic-Schule am Loipenhaus, Notschrei-Passhöhe 6, mit Auto oder Bus ab Freiburg in etwa 30 Min.

Dauer: 2,5 Std. Kursdauer. Unbedingt anmelden unter www.nordic-schule-notschrei.de

Beste Zeit: Wenn Schnee liegt. Im Sommer gibt's eine schneelose Alternative – mit Rollskiern oder Mountainbike.

Ausrüstung: Sportkleidung nach Zwiebelprinzip, Handschuhe, Mütze. Wer hat, Langlaufskier, Stöcke und Schuhe mitbringen. Wer nicht hat: vor Ort leihen.

Bahn frei!

#19

Mit dem Schlitten den Berg hinabsausen ist eine richtige Gaudi. Zum Glück hat der Schwarzwald unzählige Rodelhänge zu bieten. Wer nicht so oft hochlaufen will, auf den warten rund um den Feldberg die längsten Schlittenabfahrten. Auf den Schlitten - fertig - los!

#Rodelspaßfüralle #indenSchnee #steilundschnell

Der Schlitten ist startklar.

Es ist klirrend kalt. Schlecht für das Gesicht, gut für die Piste: Ziemlich hart ist der Schnee unter den Schlittenkufen. Und umso schneller der Holzschlitten! Jetzt ist volle Konzentration angesagt, sonst endet die Fahrt im Tiefschnee. Wie war das nochmal mit dem Lenken? Und mit dem Bremsen?

Auf der Abfahrt in Bernau-Hof hat jeder genügend Zeit, sich an die Technik zu gewöhnen. 3,5 Kilometer saust man auf dem Schlitten bergab ins Tal, vorbei an verschneiten Bäumen und Sträuchern. Die Abfahrt ist eine der längsten im Schwarzwald – und macht richtig viel Spaß. Vor allem, weil hier niemand seinen Schlitten den Hang hinaufziehen muss.

Denn hier oben am Skilift Hofeck lockt ein besonderes Gefährt die Schlittenfans: Ein Pistenbully bringt Schlitten und Fahrer hinauf zur Krunkelbachhütte auf 1294 Metern. Dort gibt's erst mal eine Gulaschsuppe zur Stärkung – lecker! Und dann geht sie los, die rasante Schlittenpartie. Keine Angst: Die Strecke ist nicht sehr steil, dafür aber richtig lang. Auch Anfänger und Kinder fühlen sich wohl. Außerdem ist die Piste extra für Schlittenfahrten präpariert, Skifahrer kommen einem hier nicht in die Quere.

Wem das noch nicht reicht, der rodelt ganz in der Nähe am Feldberg. Hinauf auf den Gipfel geht es allerdings nur zu Fuß. Und der obere Abschnitt der vier Kilometer langen Rodelstrecke ist nichts für Anfänger: Bis zur Todtnauer Hütte ist die Piste ordentlich steil. Also vorher nochmal trainieren und das Bremsen üben: Im flachen Gelände einfach die Füße in den Schnee drücken, wenn es steil ist, ganz nach hinten setzen und beim Bremsmanöver den Schlitten vorne nach oben ziehen.

Zum Glück gibt es im Schwarzwald für jeden die passende Piste: Anfänger rodeln einen einfachen Schlittenhang hinab, Möglichkeiten

---

Hin & weg: Nach Bernau-Hof am besten mit dem Auto, weiter hinauf zur Krunkelbachhütte mit dem Pistenbully (www.krunkelbach.de). Zum Feldberg mit dem Zug bis Bärental, dann mit dem Bus bis zur Haltestelle Fahl/Todtnauer Hütte, zu Fuß zum Gipfel (8 km).

Beste Zeit: Bei Schnee natürlich. Mancherorts kann man auch abends bei Flutlicht auf die Piste!

Dauer & Strecke: Die längsten Abfahrten im Schwarzwald gibt's am Feldberg (knapp 4 km), in Bernau (3,5 km) und am Hasenhorn in Todtnau (3,5 km). Da ist man schon mal 1 Std. lang unterwegs.

Ausrüstung: Schlitten, wasserfeste Schuhe, Skihose und Jacke, Handschuhe, ggf. Helm.

Ab durch den Tiefschnee: Der nächste Rodelhang ist im Hochschwarzwald nie weit entfernt.

gibt es in fast jeder Schwarzwaldgemeinde. Besonders schön und gemütlich rodelt es sich übrigens in Todtnau am Hasenhorn: Erst hochschweben mit dem Sessellift, dann hinabsausen – mit Blick auf die Schwarzwaldgipfel.

Und für Profis ist dieser Ort im Nordschwarzwald unbedingt eine Reise wert: In Schömberg lockt die gewalzte Natur-Rodelbahn Eulenloch – mit zwei Steilkurven und echtem Bobbahn-Feeling.

FAZIT: OB EINFACHER KINDERHANG ODER SPEKTAKULÄRE RODELPISTE – SCHLITTENFANS FINDEN IM SCHWARZWALD VIELE TOLLE ABFAHRTEN. UND WER KEINEN SCHLITTEN (MEHR) HAT, DER LEIHT SICH EINEN.

→ ABSTECHER ...

ICH SEH' DEN STERNEN-HIMMEL!

... am Feldberg

#20

Da! Und dahinten noch eine! Eine Sternschnuppennacht im August ist besser als Open-Air-Kino. Zumindest ganz oben im Schwarzwald, auf dem höchsten Gipfel, dem Feldberg. Romantischer geht's nicht. Das Einzige, was man braucht: ein Himmel ohne Wolken.

#Sternenzauber #Laurentiustränen #esglitzertundfunkelt

Sternstunde auf dem Feldberg: Vom dunklen Gipfel aus haben Sternengucker nachts freie Bahn ins Universum.

Es glitzert und funkelt im Minutentakt. Manchmal sogar wenige Sekunden hintereinander. Ziemlich klein und unbedeutend fühlt man sich plötzlich, den Blick hoch oben in den unendlichen Sommernachtshimmel gerichtet. Dort fallen sie, die Laurentiustränen. Eine nach der anderen. Bis zu hundert in der Stunde. Jeden August gibt‘s das Himmelsspektakel zu sehen. In diesen Nächten durchquert die Erde einen Meteoritenstrom: Kleine Staubteilchen treten in die Atmosphäre ein und verglühen dort – wir sehen dann Sternschnuppen über den Himmel flitzen.

Der Feldberggipfel ist in einer solchen Sommernacht nicht wiederzuerkennen. Hinauf geht's vom Haus der Natur nur zu Fuß, denn die Feldbergbahn steht nachts still. Zum Glück ist der Gipfelrundweg nicht zu steil und das erste Zwischenziel schnell geschafft: das Bis-

---

Hin & weg: Am besten mit dem Auto bis zum Parkplatz am Haus der Natur oder an der Talstation der Feldbergbahn. Von dort in etwa 60 Min. 3,5 km auf einem Stück des Gipfelrundwegs R2 bis zum Gipfel.

Beste Zeit: Immer rund um den 10. August, weil da die meisten Sternschnuppen vom Himmel fallen.

Dauer: Nach Sonnenuntergang bis Sonnenaufgang. So lange, bis einem die Augen zufallen.

Ausrüstung: Viel Geduld. Eine warme Decke, um es sich gemütlich zu machen. Und eine Taschenlampe, um den Weg zu finden. Wer hat: Sternenkarte einpacken!

---

marckdenkmal. Weiter geht man im Dunkeln über den Grüblesattel. Und nach einer guten Stunde ist der Gipfel erreicht.

Wo sich tagsüber Touristen drängen, sind Sternengucker nachts fast alleine. Im Dunkeln. Doch schnell haben sich die Augen daran gewöhnt. Jetzt muss man sich bloß noch ins Gras legen, abwarten und in den Himmel schauen. Und nicht vergessen: Bei jeder Sternschnuppe etwas wünschen ...

FAZIT: DAS RIESIGE STERNSCHNUPPEN-FEUERWERK IST GENIAL! AM BESTEN SIEHT MAN ES VOM HÖCHSTEN GIPFEL DES SCHWARZWALDS AUS. WEIL ES DORT BESONDERS DUNKEL IST.

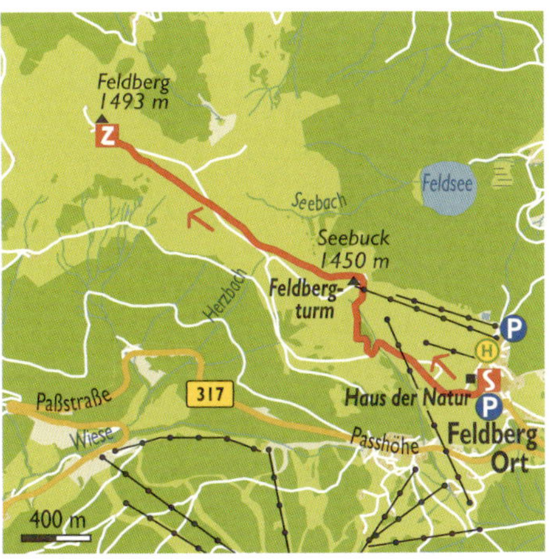

2. KAPITEL AUSFLÜGE

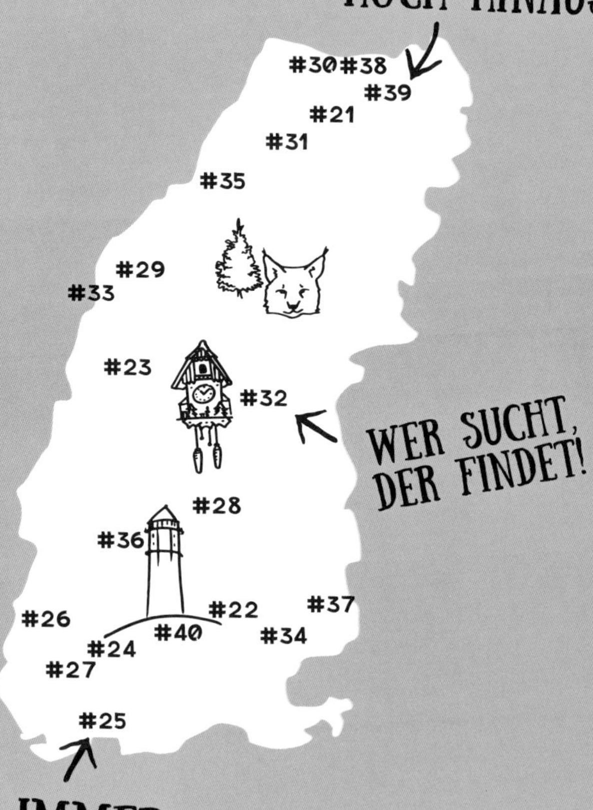

Raus für einen Tag

Abwechslung vom Alltag - rein ins Abenteuer. Egal, ob Moorwandern, Radtour oder Langlaufrunde: Ein Tag in der Natur lädt jeden Akku wieder auf. Ab nach draußen!

12H

GIVE ME MOOR!

#21

Kahle Stämme ragen in die Höhe. Moosbewachsene Baumstämme liegen übereinander. Im Wildsee spiegeln sich die Wolken. Rund um das Naturschutzgebiet gehört der Schwarzwald sich selbst. Hier hält der Mensch sich raus. Wer unterwegs ist, taucht ein in eine einmalige Moorlandschaft – und in eine ungewohnte Stille.

#überHolzbohlen #uraltesMoor #wildeStille #imBannwald

Karge Landschaft: Baumgerippe stehen am Wegesrand.

Die Moor-Rundtour startet in der kleinen Ortschaft Sprollenhaus am Dorfplatz. Auf Waldwegen geht man hinauf in Richtung Bannwald. Das Ziel: Der Kaltenbronn, so sagen die Leute hier. Holzbohlenwege führen hinein in das Naturschutzgebiet. Und zu besonderen Seen: Dort oben, auf 900 Metern Höhe, liegen vier Seen im Moor, die Hochmoorkolke.

Der Wildsee ist der größte Kolk Deutschlands. Dunkelblau liegt er da, an einem sonnigen Spätwintertag. Karg ist es hier. Baumgerippe, wenige Pflanzen, Torfmoose, Gräser, Binsen. Es ist still. Kein Motorenlärm. Fast keine Menschen. Nur der Wind rauscht leise.

Der Boden schwingt leicht unter den Füßen. Kein Wunder: Der Holzsteg liegt auf einer rund acht Meter dicken schwingenden Schicht aus Torf. Rund 1000 Jahre braucht diese gigantische Torfschicht, um etwa einen Meter zu wachsen. Das heißt: Der älteste Torf liegt hier schon seit rund 10 000 Jahren!

Pflanzen wie Torfmoose oder Rosmarinheide sind übrigens wahre Überlebenskünstler. Um sie und das Hochmoor zu schützen, müssen Besucher auf den Wegen bleiben. Und das Baden im Wildsee ist verboten!

Wen die Geschichte des Moores interessiert, für den lohnt sich ein Abstecher ins Infozentrum Kaltenbronn im ehemaligen Jagdschloss: In der interaktiven Ausstellung gibt's seltene Tiere und Pflanzen zu entdecken (Mittwoch bis Sonntag, genaue Öffnungszeiten gibt‘s unter www.infozentrum-kaltenbronn.de). Direkt daneben kann man Rotwild im Gehege bestaunen.

Hin & weg: Am einfachsten mit dem eigenen Auto bis Sprollenhaus (Ortsteil von Bad Wildbad).

Beste Zeit: Sonne, Schnee oder Nebel – der Wildsee hat das ganze Jahr über seinen Reiz. Aber gerade in der Winterzeit lohnt sich ein Ausflug.

Dauer & Strecke: 4 Std. und 12,5 km zu Fuß. Die Rundtour ist gut ausgeschildert. Einfache Alternative: Rundweg Nr. 1 ab Kaltenbronn (2,5 Std. und 8,5 km, ziemlich eben, aber hier ist auch deutlich mehr los).

Ausrüstung: Wanderschuhe sind gut, aber nicht zwingend nötig. Rucksack mitnehmen – und am Wildsee vespern.

Wilder See: Holzwege führen mitten hinein in die Moorlandschaft.

Am Wildsee noch ein Erinnerungsfoto mit dem Smartphone, und weiter geht es über die Holzwege. Vorbei an den Seen, hinein in den Bannwald. Hier, im Naturschutzgebiet Wildseemoor, ist die Natur sich selbst überlassen. Wild. Ursprünglich. Und wunderschön.

Auf ebenen Waldwegen geht es immer weiter voran. Dann ein Schild: 1,5 Kilometer sind es nur noch bis zur Grünhütte (www.gruenhuette.de).

FAZIT: DER WILDE BANNWALD UND DIE EINSAME HOCHMOORLANDSCHAFT SIND BEEINDRUCKEND. EINE TOUR ZUM DURCHATMEN UND GENIEßEN – MIT TOLLER EINKEHRMÖGLICHKEIT IN DER GRÜNHÜTTE.

Die Schritte werden schneller, das Waldgasthaus lockt. Und vor allem der Gedanke an leckere Pfannkuchen mit Preiselbeeren!

AUF WILDEN PFADEN

… durch die Ravennaschlucht

#22

Hier wächst das Moos sogar die Baumstämme hoch. Es ist klamm und feucht in der Ravennaschlucht, zwischen Felsen und Bäumen. Selbst im Hochsommer. Über Holzstege und Stufen geht's hinauf: 330 Höhenmeter durch die wilde Natur.

#wilderBach #MoosundTannen #GlucksenundPlätschern #durchdieSchlucht

Unten staunt man noch über 37 Meter. So hoch oben thront die Ravennabrücke, ein Viadukt für die Höllentalbahn, die über die Ravennaschlucht rattert. Am Ende der Wanderung hat man selbst mindestens 330 Höhenmeter in den Beinen. Anfangs merkt man die Steigung aber kaum – zu spannend ist der Weg, immer entlang dem Ravennabach. Es duftet nach feuchter Erde und Wald. Das Wasser der Ravenna fließt wild, über Kaskaden und Wasserfälle. Nur ab und zu hört man ein Auto, obwohl die Bundesstraße nur knapp neben der

Viele Treppenstufen führen durch die Ravennaschlucht. Da hat man sich den Schwarzwaldbecher verdient!

Schlucht in vielen Kehren das Höllental hinaufführt, bis nach Hinterzarten und zum Titisee.

Gestartet wird am Bahnhof Hinterzarten. Von dort geht man erst einmal auf dem ausgeschilderten Heimatpfad Hochschwarzwald durchs Löffeltal zum Hofgut Sternen. Hier kann man einkehren und sich für die Wanderung stärken oder sich ein wenig über die spannende Geschichte des Hofguts informieren. Einst hat man hier die Pferde gewechselt, bevor die Fuhrwerke hinauf nach Hinterzarten mussten; heute gibt es stattdessen viele Touristen, Shops und eben Restaurants.

Doch dieser Trubel ist schnell vergessen, sobald die ersten Meter in der Schlucht gewandert sind. In all den Hunderten von Jahren hat sich der Bach seinen Weg gebahnt, mitten durch den harten Fels. Steil steigen die Steinwände an, umgestürzte Baumstämme liegen im Wald. Natur pur!

Von den Mühlen, die einst im Ravennatal standen, ist heute nur noch die Großjockenmühle zu sehen. Ein schöner Rastplatz, bevor es die restlichen 20 Minuten bis zum Ende der Schlucht geht.

Wer es bis nach hier oben geschafft hat, der kann sicher noch eine Schippe drauflegen: Der Piketfelsen ruft. Also nichts wie rauf, und die Aussicht ins Höllental und auf den Feldberg genießen (1 Stunde, hin und zurück). Bis nach Hinterzarten machen es die Beine dann fast von alleine.

FAZIT: EIN KLASSIKER IM HOCHSCHWARZWALD! DOCH WER AUßERHALB DER HOCHSAISON KOMMT, HAT TROTZDEM VIEL RUHE IN EINER HERRLICH-WILDEN NATUR.

Hin & weg: Umweltfreundlich mit der Höllentalbahn in knapp 0,5 Std. von Freiburg hinauf nach Hinterzarten.

Beste Zeit: Die Ravennaschlucht geht das ganze Jahr über – außer bei starkem Regen und Schnee. Im Winter lockt der romantische Weihnachtsmarkt unter dem Eisenbahnviadukt viele Besucherinnen und Besucher (Eintritt - Ticket unbedingt im Voraus buchen).

Dauer & Strecke: Etwa 3 Std. Wanderzeit und 10 km (erweiterbar).

Ausrüstung: Wanderschuhe! Der Weg ist steinig, und die Eisentreppen können bei Regenwetter ziemlich rutschig werden.

SAGENHAFTE RITTERRUNDE

… zur Burg Hohengeroldseck in Seelbach

Sie thront über Tannen und Tälern: Burg Hohengeroldseck. Wer sie erobern will, muss hoch hinauf. Und zwar ganz hoch, bis auf den alten Wehrgang. Wie früher die Ritter, blickt man durch die alten Fenster in den Schwarzwald. Ob die wohl alle schwindelfrei waren?

#360GradBlick #Ritterunde #weiteWelt #AufderMauer

Mauer mit Aussicht: Ganz oben auf der Burgruine blickt man über die Schwarzwaldtannen.

Die Herren von Geroldseck wussten schon im Mittelalter, wo man den besten Blick hat. Auf dem Schönberg, in 525 Metern Höhe, haben sie ihre Gipfelburg gebaut. Strategisch perfekt gelegen. Mit Rundumblick über den Schwarzwald, die Rheinebene und die Vogesen.

Die Ritter sind schon lange weg, doch die Reste ihrer Burg stehen noch immer. Zum Glück! Denn dort oben, zwischen Schuttertal und Kinzigtal, liegt einem der Schwarzwald zu Füßen. Doch erstmal muss man hinauf zur Burgruine, am besten auf dem Burgpfad. Der Weg ist einfach zu finden: immer bergauf!

Ein bisschen kommt man ins Schwitzen, doch der Blick ins Grüne lenkt ab. Wie schön der Schwarzwald hier vor einem liegt. Unterwegs lernt man so einiges über das Ritterleben. Zum Beispiel, dass es eine ziemlich teure Sache war, Ritter zu sein. Eine Rüstung kostete damals etwa 24.000 Euro, ein Ross 20.000 Euro. Und man lernt, wie man eine Steinschleuder bedient. Schnell einen Stein suchen, beladen, loslassen. Ratsch - schon fliegt das Objekt durch die Luft.

Der Pfad schlängelt sich weiter durch den Wald. Oben angekommen, geht man neugierig durchs Burgtor. Wie sie wohl ist, die

Burgruine? Ziemlich groß! Erstmal ein Selfie mit dem Holzritter, und dann etwas zur Geschichte lernen. Die Burg hat viel erlebt. Im 13. Jahrhundert erbaut, immer wieder angegriffen, zerstört, abgebrannt. Heute ist Hohengeroldseck in Privatbesitz, ein Verein kümmert sich um die historischen Mauern.

Jetzt wird's Zeit, die Burg zu entdecken. Das „alte Hus" steht noch, zumindest die Fassade des viergeschossigen „Palas". Mit etwas Fantasie lässt sich vorstellen, wie hier das Feuer im Kamin brannte. Und wie die Ritter im Obergeschoss in ihrem Rittersaal tagten und durch die Spitzfenster ins Land blickten.

Dann geht's die Wendeltreppe hinauf, durch das enge Treppenhaus. Ein Blick durch die Schießscharten zeigt, wie hoch man schon ist. Ganz schön aufregend, und nichts für Leute mit Höhenangst. Doch es wird noch besser: Vom alten Wehrgang, auf 20 Metern Höhe, blickt man über die Mauern ins Geroldseckerland. Wie schön ist es hier oben!

Hin & weg: Mit der Schönberg-Linie ab Lahr bis Bushaltestelle Schönberg, Seelbach. Oder zum Parkplatz an der B 415.

Beste Zeit: Am allerschönsten bei guter Fernsicht.

Dauer & Strecke: 1,5 Std., 4,5 km Rundweg. Mit Burgbesichtigung und Einkehr deutlich länger. Die Wanderrunde kann erweitert werden, z. B. zur Guttahütte (5 km eine Strecke).

Ausrüstung: Fernglas für den Fernblick und Vesper für die Pause. Das Schwert kann zuhause bleiben.

Der Ritter und seine Burg: Wer durch's Burgtor tritt, reist zurück ins Mittelalter. Die Burg ist heute zwar nur noch eine Ruine, doch die Zeitreise gelingt trotzdem.

Am liebsten würde man gar nicht mehr hinabsteigen...

Doch es lockt ja noch ein Ziel unterhalb der Burg. In der Schlossberg-Ranch gibt's traditionellen Datschkuchen, deftig mit Rahm und Speck oder süß mit Apfel und Zimt. Das schmeckt besser als jedes Rittermahl!

Wer nicht zu lange auf der Terrasse sitzen bleibt, kann die Rittertour auch bis zur Guttahütte erweitern. Warum die bei den Einheimischen auch Rotweinhütte heißt, findet man man am besten selbst heraus...

FAZIT: BURGEN SIND BERÜHMT FÜR IHRE AUSSICHT. DOCH DER 360-GRAD-BLICK ÜBER DIE ALTEN MAUERN VON BURG HOCHGEROLDSECK SCHLÄGT ALLES!

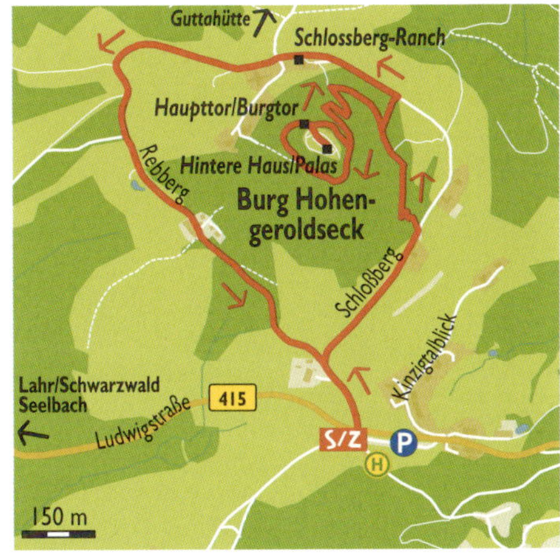

WAS FÜR EIN ABENTEUER!

… auf dem Alpinen Pfad am Feldberg

#24

Es geht über umgestürzte Bäume, mitten durch einen Bach und auf schmalen Pfaden durch die Natur. Der Alpine Pfad ist ganz anders als die meisten Wanderwege. Offiziell gibt es ihn gar nicht mehr. Doch wer den Einstieg findet und im steilen Gelände sicher gehen kann, auf den wartet ein echtes Abenteuer.

#AlpinerPfad #wild #Geheimtipp #Alpenfeeling

Die rechte Hand greift in den harten Fels. Die linke klammert sich am Seil fest. Die Füße tasten nach Halt, finden einen schmalen Vorsprung. Rückwärts geht's vorsichtig hinab. Schritt für Schritt. Klettern am Felsen: Nur so führt der Weg weiter. Umgehen geht hier oben nicht! Und das mitten im Schwarzwald?

Ja! Der Alpine Pfad am Feldberg ist ein großer Abenteuer-Parcours. Mit riesigen Wurzeln, umgeworfenen Baumstämmen und wilden Geröllschneisen. Es geht über Stämme und Steine, durch Wasser und Wald. Und durch alpines Gelände mit Steilhängen.

Die Rundwanderung führt zunächst vom Parkplatz beim Gasthaus zur Linde-Napf über den Bannwald Napf steil hinauf zum Hüttenwasen. Kurz vor der Schutzhütte biegt man rechts ab auf den Alpinen Pfad, der hier eher wie ein schmaler Waldweg aussieht. Früher war der Pfad ein offizieller Wanderweg, doch seit einigen Jahren wird er nicht mehr gepflegt und auch nicht ausgeschildert. Ist der Einstieg aber erst einmal gefunden, kann sich eigentlich niemand verlaufen. Es geht immer geradeaus – oder über

---

Hin & weg: Mit dem Auto nach Oberried ins St. Wilhelmertal, bis zum Wander-Parkplatz am Ende des Tals beim Gasthaus zur Linde-Napf.

Beste Zeit: Sommer. Bei Regen sind manche Stellen sehr rutschig. Unbedingt den Wetterbericht im Blick haben!

Dauer & Strecke: 4–5 Std. reine Gehzeit und 13 km, 600 Höhenmeter.

Ausrüstung: Feste Wanderschuhe mit gutem Profil sind Pflicht. Wer unterwegs ist, sollte fit sein und in steilem, absturzgefährdeten Gelände sicher gehen können. Essen, Getränke und Sonnenschutz einpacken! Und eine Wanderkarte.

Was für ein Ruhefelsen: Wer den Alpinen Pfad entlangwandert, genießt herrliche Blicke ins tiefe Tal. Zuerst geht's steil hinauf zur Hüttenwasenhütte. Und bei ganz steilen Felspassagen hilft nur klettern.

und unter natürlichen Hindernissen hindurch. Wer einmal drin ist, muss aber durch: Ausstiege gibt's hier oben nicht. Macht aber nichts! Der Weg ist anstrengend, aber wunderschön. Hohe Baumskelette. Bunte Blumen. Und dann der Blick zum Feldberg, von hinten, der Nordseite aus. Was für ein seltener Anblick!

Über Paulusbrunnen und Katzensteig geht's auf einem schönen ausgeschilderten Weg durch Wald und Wiesen wieder hinab ins Tal. Am Ende der Tour sollte man unbedingt im Gasthaus zur Linde-Napf einkehren – der Käsekuchen ist unschlagbar! Und wem das nicht reicht: Die Speisekarte ist groß, die Portionen auch (Dienstag und Mittwoch Ruhetag, www.linde-napf.de).

FAZIT: WILD, SCHMAL, ALPIN: DER PFAD AM FELDBERG IST EIN ECHTER GEHEIMTIPP FÜR ABENTEUERLUSTIGE. WANDERERFAHRUNG IST ABSOLUTE VORAUSSETZUNG FÜR DEN TRIP, SCHWINDELFREIHEIT UND FESTE WANDERSCHUHE SIND ES AUCH.

ZURÜCK IN DIE STEINZEIT

... in der Erdmannshöhle in Hasel

#25

Auf einer schmalen Treppe geht es hinab, hinein in den Dinkelberg. Dort unten liegt eine sagenhafte Welt. Riesentropfsteine wachsen von der Decke und hinauf. Die Erdmannshöhle ist die einzige Tropfsteinhöhle im Schwarzwald – und was für Abenteurer und Hobbyforscherinnen.

#Unterwelt #Riesentropfsteine #steinalt #Höhlenforscher

Blaue Phase: Die Steinkunstwerke werden mit LED-Leuchten in Szene gesetzt. Diese Märchenwelt aus Muschelkalkstein fasziniert jeden.

Wer im Sommer kommt, fühlt sich wie in einem großen Kühlschrank. Es ist feucht und kalt hier unten, 15 Meter unter der Erde. Dunkel ist es allerdings nicht. LED-Leuchten lassen die steinalte Welt erstrahlen, in Rot, in Grün, in Blau. Auch den größten der Riesentropfsteine umhüllt zartes Licht. Er ist eine Berühmtheit und hat es schon ins Guiness-Buch der Rekorde geschafft. Mehr als vier Meter ist er hoch, am Fuß zwei Meter dick – und älter als 135 000 Jahre. Kaum zu glauben ...

Langsam geht die Entdeckungsreise weiter, durch enge Gänge und Hallen aus Muschelkalk. Rund zwei Kilometer ist die Höhle lang, 350 Meter kann man besichtigen. Das Wasser hat die Steinwände glattgewaschen. Es löst den Kalkstein auf – und baut ihn wieder auf, als Tropfstein. Ganz unterschiedlich sehen sie aus, die bizarren Steinkunstwerke, die Stalagmiten und Stalaktiten. Manche erinnern einen an Figuren, andere an Tiere. Diese wundersame Märchenwelt lässt jeden träumen.

Die Sagen und Legenden begeistern nicht nur Kinder: Geister und Gnome sollen hier unten leben, im Reich der Erdmännlein, die in der Höhle Zuflucht suchen. Die ersten Höhlenforscher ließen sich davon nicht abschrecken. Doch mancher von ihnen soll hier unten schon ein Erdmännchen gesehen haben, ganz sicher ...

Wer mehr über die geologischen Besonderheiten der Region erfahren will, sollte den Erdmannsweg entlangwandern: Man startet zu diesem sieben Kilometer langen Rundwanderweg bei der Erdmannshöhle – und ist gute zwei Stunden unterwegs.

FAZIT: DIE ERDMANNSHÖHLE IST KLEIN, ABER FEIN UND EIN GEHEIMTIPP FÜR HÖHLENFANS. VOR ALLEM IM SOMMER IST EINE EXPEDITION UNTER DIE ERDE, WO ES NUR ZEHN GRAD CELSIUS WARM IST, EIN ZIEMLICH COOLES ABENTEUER.

Hin & weg: Mit dem Auto über Lörrach und Schopfheim. Noch vor Wehr geht's links nach Hasel und zur Erdmannshöhle (Wehrer Straße 25, Hasel).

Beste Zeit: Ostern bis Ende Oktober, am Wochenende, in den Ferien täglich, Besuch nur mit Führung (www.gemeinde-hasel.de).

Dauer & Strecke: Die Führung dauert etwa 45 Min., die Rundwanderung 2 Std., 7 km.

Ausrüstung: Auch im Sommer an warme Kleidung denken, Taschenlampen dürfen mitgebracht werden.

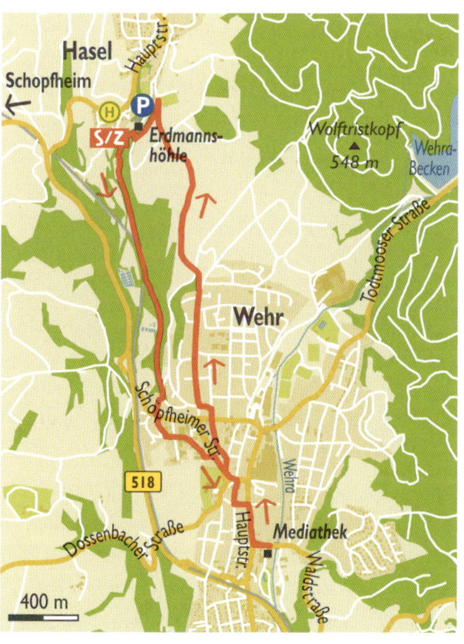

SCHAU INS LAND!

… auf dem Schauinsland

#26

20 Minuten. Länger dauert es nicht, um auf den Schauinsland zu schweben. Von dort oben, auf 1284 Metern sieht die Welt ganz anders aus. Freiburgs Hausberg lockt Gipfelstürmer mit einer grandiosen Aussicht vom Schauinslandturm – und mit dem größten Bergwerk des Schwarzwalds.

Rauf und runter: Wer auf dem Erzkastenrundweg wandert, sieht den Schauinslandturm und das Bergwerk.

Der Wind weht einem um die Nase, bläst Gedanken, Stress und Sorgen einfach weg. Hier oben, auf dem Schauinslandturm, zählt nur das Hier und Jetzt. Und die Aussicht über Wiesen, Tannen und Gipfel.

Dahinten liegt der Feldberg, davor die Höfe von Hofsgrund. Und ganz unten, im dunstig-schwülen Sommerschleier, da schwitzen die Freiburger. Wie herrlich frisch ist es dagegen hier oben, auf dem Schauinslandgipfel.

Okay, der Waldweg von der Bergstation hinauf zum Turm ist etwas anstrengend. Und auch die Stufen zur 31 Meter hohen Aussichtsplattform bringen den Puls ganz schön auf Trab. Oben ist das aber alles vergessen! Auch wenn die Alpen sich mal im Dunst verstecken: Der Blick in alle Himmelsrichtungen ist grandios. Wie herrlich muss hier der Sonnenaufgang sein ...

Auf den Berg gondeln Gipfelstürmer entspannt mit der Schauinslandbahn. Im Café und Restaurant »Die Bergstation« gibt's leckere Kuchen und badische Gerichte. Am besten auf der Terrasse sitzen und die Aussicht genießen!

Hin & weg: Mit Bus und Bahn bis zur Talstation in Freiburg-Günterstal. Von dort mit der Bahn hinauf (www.schauinslandbahn.de).

Beste Zeit: Mai–November, dann hat auch das Museums-Bergwerk und das 400 Jahre alte Schwarzwaldhaus Schniederlihof geöffnet.

Dauer & Strecke: Erzkastenrundweg (ab der Bergstation ausgeschildert) 2 Std. und 5,5 km. Mit Stopp im Schniederlihof und einer Führung im Museums-Bergwerk ist schnell ein Tag gefüllt (Informationen auf www.schauinsland.de).

Ausrüstung: Wanderschuhe. Und für das Bergwerk an warme Kleidung denken, dort ist es 10 Grad kühl. Auch auf dem Turm weht oft ein frischer Wind.

Leider ist das Frühstück am Wochenende kein Geheimtipp mehr, also unbedingt frühzeitig reservieren (www.diebergstation.de).

Frisch gestärkt geht's auf dem Erzkastenrundweg hinauf zum Gipfel, vorbei am Schniederlihof und weiter zum größten Silberbergwerk des Schwarzwalds. 22 Etagen führen hinab in die kühle Innenwelt des Schauinslands. Im Mittelalter schufteten hier Bergleute. Mehr als 100 Kilometer Stollen haben sie in den Berg gehauen, um Erz abzubauen. Heute ist das Bergwerk ein Museum. Vor allem an heißen Sommertagen ist eine Führung dort unten genial. Und wer am Ende immer noch nicht genug erlebt hat, der steigt für eine rasante Talabfahrt einfach auf den Downhill-Roller. Helm an – und Glück auf!

FAZIT: FÜR GIPFELSTÜRMERINNEN UND NATURBURSCHEN EIN MUSS. ERST HOCH HINAUFGONDELN, DANN TIEF HINABSTEIGEN. PERFEKT FÜR HEIßE SOMMERTAGE.

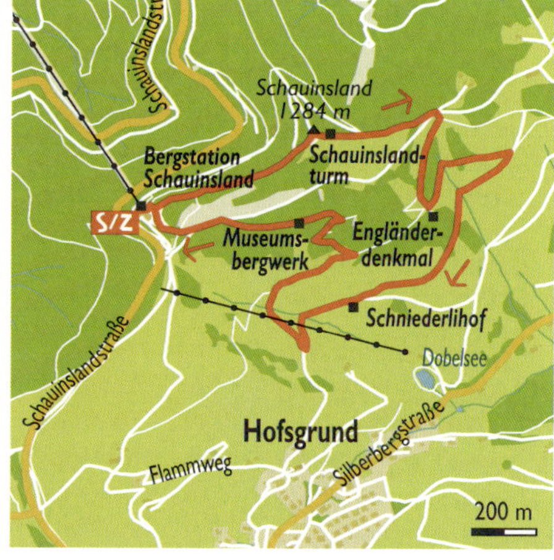

Freibad
Eingang
Kasse

RETRO-BADEURLAUB

#27

Ein Tag im Freibad ist Erholung pur. Vor allem, wenn das Bad klein ist. Zum Glück gibt's im Schwarzwald einige Mini-Bäder. Das Freibad in Todtnauberg ist nicht nur winzig, sondern auch ziemlich retro.

#Nostalgiebad #kleinaberfein #verliebtinsBergerbad

Von wegen kalte Füße: Das Wasser wird in Todtnauberg beheizt (links).
Süßes oder Saures? Am Kiosk gibt's beides! Ohne eine Tüte voller Freibad-Klassiker geht hier niemand nach Hause.

Wer hinauf nach Todtnauberg ins Berger Bad kommt, ist sofort schockverliebt. Schwimmen, sonnen, Eis essen. Und hoffen, dass der Sommertag nie zu Ende geht. Der große Zeh testet vor. Tatsächlich, ziemlich warm. 24 Grad Wassertemperatur, steht mit Kreide geschrieben auf einer Tafel am Bademeisterhäuschen. Nicht schlecht für ein Freibad auf fast 1000 Metern Höhe. Langsam geht's die Treppen hinab ins Wasser. Platsch! Arschbombe.

Es geht zu wie in einer Großfamilie. Man kennt sich, lacht, tratscht, tauscht sich aus beim gemütlichen Bahnenschwimmen. Doch auch wer zum ersten Mal kommt, wird begrüßt. »Schön hier bei uns, oder?«, ruft eine ältere Dame quer durchs Becken. Ein kurzes Nicken, und weiterschwimmen durchs herrliche Wasser. Nach Chlor wie in großen Bädern riecht es nicht.

2010 war es eigentlich schon beschlossen: Die Stadt wollte das schöne Bad dichtmachen. Doch die Todtnauberger kämpften, und wie! Heute regeln eine Mini-GmbH und ein Förderverein den Betrieb. Zum Glück! So ein kleines, feines Bad ist wirklich ein Traum.

Hin & weg: Mit dem Auto hinauf nach Todtnauberg, Parkplätze gibt es unter schattigen Bäumen.

Beste Zeit: Juni–September, je nach Wetterlage ist das Bad täglich 10–19 Uhr geöffnet. Das Wasser wird beheizt!
Mehr unter www.schwimmbad-todtnauberg.de

Dauer: Gut und gerne einen ganzen Tag lang.

Ausrüstung: Badesachen, na klar. Und vielleicht einen Schwarzwaldkrimi. Liegestühle und Sonnenschirme gibt's kostenlos, Tischtennisschläger auch. Wer die Kühlbox zu Hause lassen will, muss nicht verhungern: Der Kiosk verkauft die Freibad-Klassiker.

Handtuch an Handtuch liegen? Hier mitten im Schwarzwald nicht. Selbst an heißen Sommertagen gibt's genügend Platz auf den grünen Wiesen und Hängen rund ums blaue Becken. Und wer es sich ganz gemütlich machen will, schnappt sich einen Liegestuhl. Buch lesen, entspannen, die Zeit vergessen. Danke, liebes Freibad!

Jeder findet hier sein eigenes Badeglück: Die Kleinen lernen schwimmen, die ganz Kleinen plantschen, die Teenies spielen Beachvolleyball oder Kicker, die Eltern entspannen im Schatten, die Senioren halten sich im Becken fit. Und die Touris? Die beobachten Leute. Das macht hier richtig Spaß.

So ein nostalgischer Freibad-Tag sollte nie vergehen! Doch irgendwann ist es Zeit. Zum Umziehen geht's in die alten Holzkabinen oder in die Telefonzelle neben dem Schwimmbecken. Die Haare trocknet der Schwarzwaldwind.

Das ist was für Nostalgiker: natürlicher Kleiderständer, historische Umkleidekabine.

Die wichtigste Frage kommt am Kiosk: Reicht das Geld für eine süße Tüte? Na klar! Für einen Euro gibt's saure Schlangen, weiße Mäuse und kleine Colakracher. Genau wie früher. Tschüss, Bad Berg! Bis zum nächsten Mal.

Der Schwarzwald lockt übrigens mit einigen kleinen Freibad-Perlen: Vor historischer Kulisse schwimmt man im Alemannenbad Staufen und im Freibad Lenzkirch-Kappel. Ein Geheimtipp ist auch das Freibad Friedensweiler! Dort schwimmen Besucher im Klostersee oder im beheizten Freibecken. Wer es ganz natürlich mag, sollte in die Naturfreibäder in Schonach, St. Märgen oder Ottenhöfen.

FAZIT: IST ES WIRKLICH DAS HÖCHSTGELEGENE FREIBAD DEUTSCHLANDS? EGAL! EIN TAG IM NOSTALGISCHEN BAD BERG IST EINFACH SUPER. SCHWIMMEN, RELAXEN, POMMES ESSEN – WIE FRÜHER!

100 PROZENT SCHWARZ-WALD

#28

Zugegeben: Ein Geheimtipp ist Triberg nicht. Mitten im Ort stürzen dort Wasserfälle hinab, und zwar mehr als 160 Meter tief. Das Naturschauspiel lockt trotz Eintritt Besuchermassen. Doch wer außerhalb der üblichen Zeiten kommt, findet Ruhe und Natur – und viel Schwarzwaldkitsch.

#Postkartenidylle #Kuckucksuhrtogo #wasfüreinWasserfall

Kuckucksuhr oder Bollenhut? Die klassischen Schwarzwaldsouvenirs gibt's in Triberg überall. Die Wasserfälle locken Besucher aus der ganzen Welt.

Das Rauschen gehört zu Triberg einfach dazu. Das Wasser der Gutach stürzt hier in die Tiefe, direkt im Schwarzwaldörtchen. Die berühmten Wasserfälle können Besucher aus aller Welt auf drei Wegen erkunden: Der Kulturweg zum Beispiel führt zum kleinen Bergsee (mit Einkehrmöglichkeit), vorbei an der Wallfahrtskirche Maria in der Tanne mit seltenem Barockaltar und zum Schwarzwaldmuseum. Am besten steigt man von unten hinauf, die Wege sind gut ausgebaut.

Zugegeben: Die Wasserfälle haben ihren Reiz. Nicht wegen der Höhe, sondern wegen der Natur. Im Sommer zieht kühle Gischt über die Wege, im Winter sind die Fälle vereist. Wenn am Nachmittag die Sonne durch die Tannen scheint, funkelt und glitzert das Wasser. Und wer eine Nachtwanderung plant, kann sie in Triberg ohne Taschenlampe wagen: Nachts sind die Wasserfälle beleuchtet. An Weihnachten verwandeln eine Million Lichter die Fälle in den »Triberger Winterzauber«. Sieht zauberhaft aus, kostet aber auch ziemlich viel Eintritt.

Im Ort ist meist viel Trubel. Geschäfte, Cafés und Souvenirshops reihen sich an der Hauptstraße aneinander. Und an jeder Ecke tickt und kuckuckt es. Manche behaupten, die Schwarzwälder Kuckucksuhr sei in Triberg erfunden worden. Und die angeblich größte Kuckucksuhr der Welt gibt's hier natürlich auch: Der Triberger Kuckuck ist 4,5 Meter lang – und 150 Kilogramm schwer.

In der Uhrenwerkstatt der Familie Herr wurde jahrelang die kleinste Kuckucksuhr der Welt hergestellt. Stolz waren sie darauf, Uhren »made in Triberg« in mehr als 60 Länder zu liefern. Jetzt steht die Uhrenfabrik leer. Kaufen kann man traditionelle Kuckucksuhren aber überall. Und ein leckeres Stück Schwarzwälder Kirschtorte gibt's in Triberg natürlich auch!

FAZIT: DIESER MIX AUS NATUR UND SCHWARZWALDKITSCH IST EINZIGARTIG. DAS MUSS MAN UNBEDINGT MAL LIVE ERLEBT HABEN.

Hin & weg: Die Schwarzwaldbahn fährt stündlich ab Offenburg oder Konstanz. Vom Bahnhof aus sind die Wasserfälle gut zu Fuß zu erreichen.

Beste Zeit: Geht immer! Wer kann, meidet Ferien und Wochenenden. Dann hat man seine Ruhe. Ansonsten frühmorgens oder spätabends zu den Wasserfällen. Im Sommer sind sie bis 22 Uhr beleuchtet.

Dauer & Strecke: Die drei Rundwege sind in 45 Min. bis 1,5 Std. zu bewältigen (1,5–4 km).

Ausrüstung: Ein Smartphone für das Selfie am Wasserfall.

WAS FÜR EINE AUSSICHT

#29

Hoch oben thront es, das romantische Schloss Staufenberg. Über Tannen, Reben und dem Winzerort Durbach. Der Ehrgeiz ist gepackt. Hinauf geht's sportlich – mit dem Mountainbike. Doch die Tour durch die Weinberge lohnt sich. Und der Blick von oben erst!

#WeinundWald #mitdemBike #hochhinaus

Die Wolken ziehen über Tannen und Weinberge. Kleine Häuser stehen neben großen Weingütern. Straßen schlängeln sich durch grüne Rebflächen. Und ganz dahinten, in der Oberrheinebene, steht dieser Turm. Ist das nicht das Straßburger Münster? Ewig könnte man hier stehen und staunen. Immer mehr entdecken. Die Terrasse des Schlosses Staufenberg ist eine der schönsten im Schwarzwald, und das nicht nur, wenn die Sonne am wolkenlosen Himmel hinter den Vogesen untergeht.

Wer hinaufgeradelt ist, genießt den Blick erst recht – und die Pause. Immerhin müssen die Oberschenkel dafür ordentlich arbeiten, einige Höhenmeter sind's bis zum Schloss. Doch die Weinberg-Tour (sie ist übrigens auch ausgeschildert) ist genauso schön wie der Blick vom höchsten Punkt.

Vom Festplatz in Durbach geht's auf engen Sträßchen vorbei an einigen von Deutschlands Premium-Weingütern, und dann durch den Wald mitten hinein in die Weinberge.

Grün im Sommer, bunt im Herbst, karg im Winter: Vom Bike aus hat hier jede Jahreszeit

---

Hin & weg: Start und Ziel ist der Festplatz in Durbach. Dorthin geht's mit dem Zug bis Offenburg, weiter mit dem Bus (Linie 7142).

Beste Zeit: Immer! Wenn der Herbst die Weinberge bunt malt, ist es ganz besonders schön.

Dauer & Strecke: 3 Std. Fahrzeit und 20 km, 750 Höhenmeter.

Ausrüstung: Am besten mit dem Mountainbike, es gibt einige Steigungen. Wer's noch gemütlicher mag: Das Hotel Ritter Durbach verleiht E-Mountainbikes.

Pause zwischen den Rebstöcken: Die Weinberg-Tour rund um Durbach ist was für Genießer. Der Höhepunkt? Das Schloss Staufenberg mit der schönsten Terrasse der Ortenau.

ihre Faszination. Oben wird dann erst mal durchgeschnauft. Der Puls beruhigt sich langsam wieder, die Augen genießen die Aussicht. Jetzt ein Glas Chardonnay. Und vielleicht einen Flammkuchen auf der Terrasse des Schlosses Staufenberg, das heute als Weingut bekannt ist (www.schloss-staufenberg.de).

Das muss einfach sein. Die Tour ist ja schließlich fast geschafft: Später geht's weiter bis nach Durbach. Und zwar vor allem bergab!

FAZIT: TANNENGIPFEL, REBSTÖCKE UND WEIN: BESSER GEHT'S NICHT! DIE MOUNTAINBIKE-TOUR RUND UM DURBACH KOMBINIERT DEN DUNKLEN SCHWARZWALD MIT DEM SÜDLICHEN OBERRHEIN. EINMALIG!

Wer, unten angekommen, auf den Geschmack gekommen ist: Durbachs ausgezeichnete Weingüter bieten ihre edlen Tropfen auch bei einer Weinprobe an (www.durbach.de).

MÖNCHE, NONNEN UND RUINEN

… auf dem Klosterpfad in Bad Herrenalb

Es ist eine Zeitreise. 1000 Jahre in 5000 Metern, von Kloster zu Kloster. Wie lebte man im Mittelalter hinter den Klostermauern? Was machten die Mönche den ganzen lieben Tag? Der Klosterpfad durch das Tal der Alb führt einen zurück in die Vergangenheit – und über eine historische Grenze.

#Zeitreise #Klosterleben #NonnenundMönche

Klosterruine und Kirchenmauern: Der Klosterpfad ist wie eine Zeitreise.

Los geht die Tour am Zisterzienser-Kloster der Herren von Alb. Das lockt viele Menschen nach Bad Herrenalb – genau wie der Kurpark und die Therme. Wie groß das im 12. Jahrhundert gegründete Kloster war, kann man lediglich erahnen. Von der romanischen Kirche stehen nur noch Reste. Und doch strahlt das frühere Kloster Ruhe aus, mitten in all dem hektischen Touristentreiben.

Unterwegs auf dem Klosterpfad ist man jedoch fast alleine. In knapp zwei Stunden wandert man ganz entspannt bis ins fünf Kilometer entfernte Frauenalb. Es geht durch den Wald. Vögel zwitschern, die Alb plätschert. Das tut gut, nach all dem Trubel in der Kurstadt Bad Herrenalb. Minikapellen am Wegesrand erzählen von damals, von Alltag in Küche und Keller der Klöster, vom Bauernkrieg und von der Reformation. Etwa in der Mitte des Weges steht plötzlich ein Zollhäuschen, versteckt unter grünem Gestrüpp auch ein alter Zollstein. Es ist die ehemalige Landesgrenze zwischen Württemberg und Baden. Wer sich ins Zollhäuschen setzt, kann eine Überraschung hören.

Weiter geht es, Schritt für Schritt, zur Klosteranlage in Frauenalb. Die Benediktiner gründeten die Anlage im 12. Jahrhundert für adelige Stiftsdamen. Die Ruine ist ein mystischer Ort. Hier kann man eintauchen in die Geschichte. Sich erinnern an den 28. Februar 1803, den Tag, an dem die Klosterfrauen weinend Abschied von ihrem Kloster nahmen und, so sagt man, Äbtissin Viktoria einen Fluch über die Klosterschwelle schleuderte: »Unglück und Feuersbrünste sollen all jene treffen, die nun die geweihte Stätte entheiligen mit ihrem irdischen Tun.« Drei Brände später steht heute vom Kloster nur noch die imposante Steinruine …

Einkehrmöglichkeiten gibt es in Bad Herrenalb viele. Wer sich aber nicht vor der Wanderung stärken, sondern den Tag lieber am Ziel ausklingen lassen will, der findet in Frauenalb den Landgasthof mit der Hausbrauerei König von Preußen. Zurück geht's dann ganz bequem mit der Albtalbahn.

FAZIT: AUF DEM KLOSTERPFAD WIRD MAN VERZAUBERT. VON SPANNENDEN GESCHICHTEN, WILDER NATUR UND FASZINIERENDEN KLÖSTERN. LOS GEHT'S – ZURÜCK INS MITTELALTER.

Hin & weg: Der Klosterpfad entlang der Alb startet am Kloster Herrenalb in Bad Herrenalb und führt nach Frauenalb. Beide Ort sind gut mit der Albtalbahn zu erreichen (S1 ab Karlsruhe über Ettlingen nach Bad Herrenalb Bahnhof bzw. Frauenalb-Schielberg).

Beste Zeit: Geht das ganze Jahr über.

Dauer & Strecke: Etwa 2,5 Std. und knapp 5 km zu Fuß.

Ausrüstung: Schuhe mit fester Sohle genügen, der Weg ist eben und auch für Rollstühle und Kinderwagen geeignet.

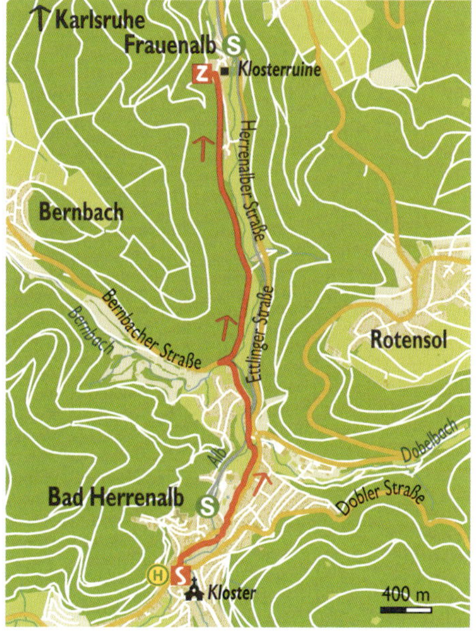

PACK DIE BADEHOSE EIN ...!

Der Sommer ist da und die Sonne glitzert auf dem dunkelblauen Wasser des Stausees. Jetzt schnell die Badesachen an – und rein! An heißen Tagen ist die Schwarzenbach-Talsperre im Nordschwarzwald einfach perfekt. Schattige Waldwege, ruhige Badeplätze und bunte Leihboote – was für ein Badetag!

Hier oben, auf fast 670 Metern Höhe über dem Meer, ist die Luft gleich viel frischer als unten im schwülen Tal. Über die riesige Staumauer geht's hinüber ans Nordufer. Der Blick über die Schwarzenbach-Talsperre ist herrlich: Idyllisch liegt er da, der größte Stausee des Nordschwarzwalds, voll mit frischem Quellwasser. Genutzt wird er, um Strom zu gewinnen.

Wer dem zweistündigen Rundweg um den See folgt, kann nebenbei noch etwas lernen: Infotafeln erklären die Geschichte des Sees – und wie hier Strom produziert wird. Durch den schattigen Wald geht's weiter. Menschenmassen wie an anderen beliebten Schwarzwaldseen sind keine zu sehen. Auch nicht am Seeufer. Also hinab über den steilen Pfad zum kleinen Strand.

Hier kann man es aushalten. Der Sommerwind weht. Boote ziehen leise vorbei. Später eine Bootstour bis zum hintersten Punkt des Sees, das wär' doch was! Wer kein eigenes Schlauchboot dabei hat, kann hier auch ein Boot mieten. Fünf Leute passen in ein Elektroboot – und der Kapitän braucht nicht mal einen Bootsführerschein. Wer sportlich ist, nimmt ein Tretboot und sticht damit in See.

Aber erst einmal steht etwas anderes auf dem Programm: Schwimmen im weichen Seewasser. Doch Vorsicht: Das Wasser ist im Uferbereich bei Sonne zwar relativ warm, wird aber zur Seemitte schnell kühl. Deshalb besser nicht überhitzt hineinspringen! Und danach die Sommersonne auf der Haut spüren. Für Eis, Snacks und Getränke gibt's

Sommerzeit im Schwarzwald: Die Schwarzenbach-Talsperre lockt mit einsamen Badestellen (links). Wer aufs Wasser will, leiht sich einfach ein Boot – oder ein Einhorn.

auf der anderen Seeseite sogar zwei Kioske. Fühlt sich an wie Urlaub!

Wer nicht nur faul in der Sonne liegen will: Das Gebiet rund um die Schwarzenbach-Talsperre hat noch mehr zu bieten. Man kann zum Beispiel auf dem Rundweg einfach am Ende des Stausees abbiegen zum Herrenwieser See. Am Seebach entlang geht es durch den Wald ins Seebachtal, immer der roten Raute nach, auf einem Teilstück des beliebten Westwegs. Plötzlich wird der Pfad felsig und steil, nach etwa 30 Minuten hat man den Karsee erreicht.

Ein riesiger Gletscher hat ihn in der letzten Eiszeit geformt. Heute verzaubert der Herrenwieser See die Besucher, so idyllisch liegt er da. Seltene Pflanzen wachsen am Ufer. Baden ist verboten, doch Bänke laden zum Ausruhen ein. Und wenn dann auch noch die Sonne auf dem Wasser glitzert ...

FAZIT: WER RUHE SUCHT, IST HIER GENAU RICHTIG. SELBST AN HOCHSOMMERTAGEN UND IN FERIENZEITEN GIBT'S EINSAME STELLEN AM WASSER.

Hin & weg: Am einfachsten mit dem Auto, geht aber auch mit der Stadtbahn von Karlsruhe oder Freudenstadt aus. Ab der Haltestelle Forbach oder Raumünzach, dann weiter mit dem Bus.

Beste Zeit: Wer Boot fahren will: Tret- und Elektroboote gibt's Mai–Oktober (www.schwarzenbach-bootsverleih.de).

Dauer & Strecke: 2 Std. und 6,5 km zu Fuß um den See. Wer länger wandern will, geht einfach weiter bis zum Herrenwieser Karsee (2,5 km einfach).

Ausrüstung: Badesachen und Picknickkorb.

SCHÄTZE AUS STEIN

… in der Mineralienhalde Grube Clara

#32

Klopf. Klopf. Klopf. Schon vom Parkplatz hört man die Steinsucher. Sie klopfen wie wild. Denn niemand weiß, was in den großen Erdhügeln für Schätze versteckt liegen – und wer sie findet. Also: munter weiterklopfen! Und hoffen, dass bald ein wundervoller Glitzerstein in der Sonne funkelt.

#blingbling #HammerundEimer #staubigeSchatzsuche

Erst hämmern, dann hoffen: Hinter jeder staubigen Steinhülle kann sich ein glitzernder Schatz verbergen.

Es ist ein großer Abenteuerspielplatz. Wer mit dem Hammer mitten in den Dreckbergen steht, vergisst ganz schnell die Zeit. Klopfen – und hoffen. Darauf, dass der nächste dunkle Stein im Inneren funkelt und glitzert. Geduld und Ausdauer? Braucht hier eigentlich niemand. Denn die Schätze liegen quasi direkt vor dem Hammer. Kaum zu glauben: Mehr als 400 verschiedene Mineralien wurden hier, mitten im Schwarzwald, schon gefunden.

Die Grube Clara gehört damit zu den mineralreichsten Gruben der Welt. Wer Glück hat und ein Expertenauge, kann auf der Mineralienhalde Zauberhaftes entdecken. Mancher der Steinsammler hat schon Exemplare herausgezogen, die noch niemand zuvor auf der ganzen Welt gefunden hatte.

Die Berge voll Material aus der nahegelegenen Grube werden täglich ausgetauscht. Wer frühmorgens kommt, hat die beste Auswahl. Wobei: Hier liegen so viele Glitzersteine, dass alle vom Sammelfieber gepackt werden. Suchen, aufklopfen, staunen. So geht das den ganzen Tag.

In den großen Dreckhaufen stehen Frauen, Männer, Kinder - und echte Steinfreaks. Die erkennt man an ihren Gummistiefeln, den Vergrößerungsgläsern und ihrem Expertenwerkzeug. Manche der Steinsammler kommen seit 30 Jahren und gehen jedes Mal mit vollen Eimern und neuen Steinen nach Hause. Aber auch wer zuvor noch nie einen Stein auseinandergehauen hat: So eine Stein-Schatzsuche macht unglaublich viel Spaß. Wer Hunger bekommt, kein Problem: Bei der Mineralienhalde gibt es eine kleine Cafeteria, Picknick darf mitgebracht werden.

Und der Staub geht danach ganz einfach wieder weg: Nur 15 Minuten mit dem Auto entfernt, in der Hansgrohe-Aquademie, dürfen Besucher eine Stunde lang probeduschen. 40 verschiedene Brausen gibt's im Duschparadies des Sanitärherstellers. Also Badezeug anziehen - und losduschen! Wer noch mehr über Mineralien wissen will, der kann frisch geduscht nach Oberwolfach ins Besucherbergwerk Grube Wenzel fahren und danach noch das Museum für Mineralien und Mathematik erkunden.

FAZIT: DIE SUCHE NACH DEN GLITZERSTEINEN IST EIN GANZ BESONDERES SCHWARZWALD-ABENTEUER – UND ZWAR NICHT NUR FÜR KINDER. KOMBINIERT MIT PROBEDUSCHEN, MUSEUMSBESUCH UND BERGWERK REICHT EIN TAG KAUM AUS.

Hin & weg: An der Kreisstraße zwischen Wolfach und Gutach, kurz vor Kirnbach, biegt man auf das Gelände der Mineralienhalde der Grube Clara. Die Hansgrohe-Showerworld liegt in Schiltach.

Beste Zeit: April–Ende Oktober, Öffnungszeiten und Infos unter www.mineralienhalde.com

Dauer: So lange man Lust und Energie hat.

Ausrüstung: Feste Schuhe, bei Regen Gummistiefel. Hammer, Eimer und Schutzbrille können gegen Gebühr ausgeliehen werden. Fürs Probeduschen Badesachen einpacken; Handtücher, Duschgel und Bademäntel gibt's vor Ort (Eintritt frei, Anmeldung auf www.hansgrohe.de).

EISENBAHN-ROMANTIK

... bei einer Fahrt mit der Schwarzwaldbahn

Das ist nicht nur was für Eisenbahnfreunde: Die Schwarzwaldbahn fährt auf 150 Kilometern Schienen quer durch den Schwarzwald, von Offenburg nach Singen. Bunte Fachwerkhäuser, grüne Tannen, große Kehren – und eine tolle Wanderung. Diese Fahrt ist ein Abenteuer!

#ReiseaufSchienen #Ingenieurskunst #großeKehren

Fahrt ins Grüne: Mit der Schwarzwaldbahn geht es mitten durch den Schwarzwald.

Draußen zieht der Schwarzwald vorbei. Zumindest, wenn man nicht gerade durch einen der rund 40 Tunnel fährt. Ohne die geht's nicht. Die Schwarzwaldbahn muss auf der Fahrt hinauf nach St. Georgen viele Höhenmeter schaffen. Und das gelingt nur mit einem genialen Trick des Erfinders.

Doch zunächst beginnt die Fahrt ganz gemütlich in Offenburg. Früher fuhren hier schwere Dampflokomotiven. Aber auch mit den modernen Doppelstockwagen ist es ein Erlebnis, besonders wenn man oben sitzt. Los geht's durch das liebliche Kinzigtal. Bis Haslach ist die Strecke noch eben. Kaffeepause! Aussteigen, durchs Städtchen spazieren, die bunten Fachwerkhäuser bestaunen – und einen Cappuccino bestellen. Cafés gibt's genügend, auch kleine Geschäfte zum Einkaufen. Doch die Bahn ruft!

Pünktlich geht die Fahrt weiter nach Hausach. Die Schwarzwaldbahn fährt nun entlang der Gutach, in die Heimat des Bollenhuts. Rechts und links stehen grüne Tannen, das Tal wird enger, die Strecke steiler. Die Bahn fährt immer weiter – über das Eisenbahnviadukt nach

Hornberg. Wer rechts sitzt, hat einen tollen Blick auf Schloss und Burg. Wie war nochmal die Geschichte vom Hornberger Schießen?

Jetzt wird's spannend: Die Kehren kommen. Von Hornberg bis zum höchsten Punkt in Sommerau bei St. Georgen muss die Bahn 448 Höhenmeter schaffen. Der Trick des badischen Ingenieurs Robert Herwig ist genial: Er hat zwei große Kehrschleifen gebaut, um die Höhenunterschiede ohne extreme Steigung zu schaffen. Dafür hat er elf Kilometer Luftlinie zwischen Hornberg und Sommerau auf 26 Kilometer Bahnstrecke verlängert – und neben den Kehrschleifen 36 Tunnel in den Fels gehauen.

So etwas gab's noch nie. 1873 wurde die Bahn vollendet. Wie die Kehren bis heute funktionieren, sieht man vom Vierbahnen-Blick. Hinauf geht's auf einer zweistündigen Rundwanderung vom Bahnhof Triberg auf dem Schwarzwaldbahn-Erlebnispfad. Er führt einen am Rand der Bahnstrecke entlang – und mit vielen Hinweis-

---

Hin & weg: Mit der Schwarzwaldbahn und dem Baden-Württemberg-Ticket. Bester Start: Offenburg. Besonders spannend ist der Abschnitt von Haslach bis St. Georgen, über den höchsten Punkt Sommerau. Die Schwarzwaldbahn fährt mindestens stündlich.

Beste Zeit: Geht das ganze Jahr. Wer's gerne mit Volldampf mag: Im Sommer fährt eine alte Dampflok zwischen Hausach und St. Georgen.

Dauer & Strecke: Die Schwarzwaldbahn fährt in 60 Minuten von Offenburg nach St. Georgen. Auf dem Unteren Erlebnisweg des Schwarzwaldbahn-Erlebnispfads wandert man 2 Std. und 6,5 km (Start und Ziel: Bahnhof Triberg).

Ausrüstung: Der Erlebnispfad ist einfach zu gehen, hat aber leicht alpinen Charakter. Gutes Schuhwerk und Verpflegung sind Pflicht.

Tolle Aussichten: Am Vier-Bahnen-Blick bei Triberg sieht man auf die Schwarzwaldbahn (links). Bitte Aussteigen: In Hornberg locken Schloss und Burg (Mitte), in Haslach historische Fachwerkhäuser (rechts).

tafeln hinein in die Geschichte. Die moderne Plattform am Vierbahnen-Blick ragt weit über den Abgrund. Herrlich ist die Aussicht von dort oben. Grüne Tannen, dunkle Tunnel – und da kommt sie schon: die rote Schwarzwaldbahn.

Zurück am Bahnhof in Triberg ist die Fahrt mit der Schwarzwaldbahn noch lange nicht zu Ende. Auch wenn die Wasserfälle im Ort locken: Der höchste Punkt der Strecke wartet noch. Also alle einsteigen - und weiter geht's in Richtung Sommerau!

FAZIT: DIESE FAHRT BEGEISTERT NICHT NUR TECHNIKFREAKS! DER SCHWARZWALD ZIEHT AN EINEM VORBEI, UNTERWEGS LOCKEN NETTE ORTE, DIE KEHREN SIND EIN ECHTES ABENTEUER UND GEWANDERT WIRD AUCH!

RADELN UNTER STROM

#34

Schluchsee, Windgfällweiher, Feldsee, Titisee: vier Seen – eine Radtour. Und wer mit dem E-Bike unterwegs ist, kann die so richtig genießen. Denn dank Motorhilfe sind die Steigungen auf der Vier-Seen-Tour nur halb so wild.

#VierSeenTour #EBike #Rückenwind #radelnundbaden

Wer viel radelt, hat auch Pausen verdient: Am Feldsee gibt's herrliche Ruhe, am Unterkrummenhof leckere Flammkuchen.

Der Motor brummt leise. Ein Blick auf den Tacho: elf Kilometer pro Stunde. Und zwar bergauf, Richtung Feldsee. Die Oberschenkel müssen arbeiten, doch der Puls bleibt ruhig. Unterhalten geht locker nebenher. Fahren wie mit Rückenwind. Danke, E-Bike!

Mit dem Mountainbike wäre der Aufstieg zum Feldsee am Feldberg deutlich anstrengender. Vor allem, weil schon einige Kilometer in den Waden stecken. Die Hälfte der Tour ist etwa geschafft, der aufgestaute Schluchsee halb umrundet, der idyllische Windgfällweiher auch. Das E-Bike ist fast von allein über Waldwege und Pfade gefahren, durch Wiesen und Wälder, bergauf und bergab. Jetzt liegt der nächste Höhepunkt glitzernd in der Sonne: der Feldsee.

Baden ist im Gletschersee nicht erlaubt, weil dort ein seltenes Unterwasserfarn wächst. Macht aber nichts: Eine Pause mit Blick aufs Wasser und die schroffe Feldbergrückseite lohnt sich auch so. Und zudem gibt's an den anderen Seen genügend Möglichkeiten, sich abzukühlen. Nur ein paar Höhenmeter sind es nun noch bis zum Raimartihof. Zeit für eine Vesperpause! Und nach dem Essen surrt das E-Bike weiter hinauf auf 1196 Höhenmeter, bis zum Rinken, dem Höhepunkt der Vier-Seen-Tour! Doch das Ende ist noch lange nicht in Sicht.

Bergab geht's jetzt nach Hinterzarten und weiter zum vierten See: dem Titisee. Zum Glück ist nicht nur der Bauch gut gefüllt, sondern auch der Akku! Der reicht für bis zu 100 Kilometer. E-Bike-Tankstellen gibt's für alle Fälle am Wegesrand. Wer sich vor Ort nicht gut auskennt: Der Weg ist beschildert, aber besser GPS-Daten laden oder Karte ausdrucken. Die Tour geht übrigens auch gut mit Kinderanhänger.

FAZIT: WER MIT DEM E-BIKE UNTERWEGS IST, SCHAFFT DIE 70 KILOMETER DER VIER-SEEN-TOUR RELATIV LEICHT. OHNE MOTORUNTERSTÜTZUNG IST DIE TOUR MIT KNAPP 1000 HÖHENMETERN RECHT HEFTIG.

Hin & weg: Mit dem Zug bis zum Bahnhof Seebrugg, dann zu Fuß zur Staumauer. Dort gibt's E-Bikes zu leihen, wie an vielen weiteren Orten entlang der Tour (www.staumauer-schluchsee.de).

Beste Zeit: Ostern–Oktober.

Dauer & Strecke: 5–6 Std. mit dem E-Bike, der Vier-Seen-Radweg ist knapp 70 km lang, etwa 1000 Höhenmeter sind zu überwinden.

Ausrüstung: E-Bike, Getränke und am besten auch ein Fahrradhelm.

Eichhaldenfirst
Kletterpartie
Klrh. Grat

KICK AM SCHROFFEN FELSEN

… auf dem Klettersteig am Karlsruher Grat

#35

Markierungen gibt's hier nicht. Auch keine Drahtseile oder Leitern. Wer den Karlsruher Grat bezwingen will, muss sich den Weg durch raue Felsen schon selbst suchen. Diese Tour ist wirklich kein Spaziergang. Doch die Kletterpartie bietet spektakuläre Ausblicke – samt Adrenalinkick.

#Kletterpartie #ganzhochhinaus #wasfüreinAusblick

Ganz schön schmal! Wohin jetzt nur mit den Füßen? Die Hände klammern sich fest an den schroffen, warmen Felsen. Adrenalin schießt durch den Körper. Sicherungsseile gibt's hier nicht. Hier oben, im natürlichen Klettersteig, sucht sich jeder seinen eigenen Weg durch das graue Porphyrgestein. Also volle Konzentration, und weiter geht's. Zentimeter für Zentimeter. Das ist er also, der Karlsruher Grat. Rund 400 Meter lang ist die ungesicherte

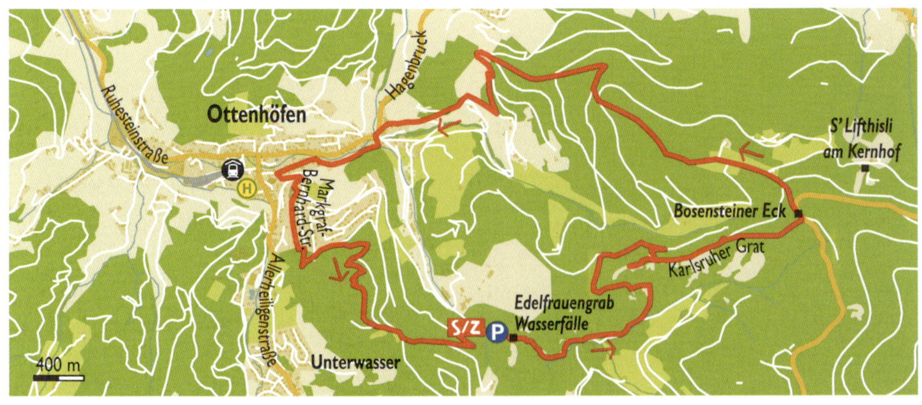

Mit Händen und Füßen: Wer auf dem Karlsruher Grat unterwegs ist, braucht vollen Körpereinsatz. Oben warten herrliche Aussichtspunkte (rechts).

Kletterpassage auf dem schroffen Gebirgskamm, der zwischen Achertal und Schwarzwaldhochstraße liegt. Vom Wanderparkplatz in Ottenhöfen aus führt ein steiler Pfad hinauf, vorbei an den sagenhaften Edelfrauengrab-Wasserfällen.

Wer oben ist, der fühlt sich fast wie in den Alpen. Keine Angst: Wem's zu viel wird, der kann jederzeit aussteigen und auf dem schmalen Wanderweg direkt neben dem Grat weitergehen.

Das wäre aber schade! Denn schnell haben sich Hände und Füße an den Fels gewöhnt. Immer sicherer werden die Griffe, immer schneller die Schritte. Das Herz pumpt nicht mehr ganz so stark vor Aufregung. Jetzt ist auch endlich Zeit, die Aussicht zu genießen. Das tiefe Gottschlägtal liegt vor einem. Und an klaren Tagen reicht der Blick bis weit in die Rheinebene. Wow!

Zurück nach Ottenhöfen geht es bei dieser Rundwanderung über den Bosenstein und weiter auf dem ausgeschilderten Grenzweg. Der höchste Punkt ist das Bosensteiner Eck. Danach ein kleiner Abstecher zum alten Lifthisli beim Kernhof. Dort gibt's Snacks, Kuchen und Getränke.

Wer nach der Stärkung wieder Kondition hat und nicht sofort absteigen will, sollte unbedingt noch hinauf zum Granitfelsen Brennte Schrofen steigen. Von hier kann man eine tolle Aussicht genießen – ganz besonders bei Sonnenuntergang!

FAZIT: ZIEMLICH GENIAL! SO EINE GRATWANDERUNG AM STEILEN FELSEN GIBT'S SONST NUR IN DEN ALPEN. SCHWINDELFREI SOLLTE MAN ALLERDINGS SCHON SEIN. DIESE KLETTERTOUR IST NICHTS FÜR SCHWACHE NERVEN.

Hin & weg: Mit dem Auto bis zum Wanderparkplatz bei den Edelfrauengrab-Wasserfällen. Alternativ über Karlsruhe mit der Regionalbahn nach Ottenhöfen.

Beste Zeit: Bei trockenem Wetter! Bei Nässe besteht Rutschgefahr – das kann gefährlich werden.

Dauer & Strecke: Schwere Rundwanderung. 12 km, 700 Höhenmeter, 5 Std.

Ausrüstung: Stabile Wanderschuhe. Besondere Kletterausrüstung (Seil, Gurt, Helm) braucht man nicht.

MAGISCHES GIPFEL-GLÜCK

... auf dem Kandel bei Waldkirch 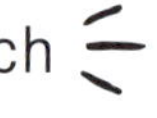

Das ist ein echtes Gipfelerlebnis: Einmal vom Tal bis ganz nach oben steigen. Gipfel gibt's im Schwarzwald ja viele. Doch der Kandel zieht einen magisch an. Ob es an der fantastischen Aussicht liegt? Oder auch daran, dass am badischen Blocksberg übersinnliche Kräfte wirken?

#Panoramasatt #Hexenberg #Gipfelmoment

Blick hinab: Egal, ob vom großen Kandelfelsen oder von der Gipfelpyramide. Der Kandel verzaubert alle.

Eines ist klar: Diese Tour ist kein Spaziergang. 1241 Meter ist der Kandel-Gipfel hoch, der höchste im mittleren Schwarzwald. Doch irgendwie will man einfach rauf. Am besten nimmt man dazu den Damenpfad.

Ein großes Holzschild weist den Weg in den Wald. Jetzt gibt's kein Zurück mehr. Immer bergauf, Schritt für Schritt. So wie einst die frommen Frauen aus dem Waldkircher Damenstift St. Margaretha. Die pilgerten 1500 Höhenmeter bis St. Peter, um dort in der Klosterkirche zu beten, erzählt man sich.

Ganz so anstrengend wird diese Tour nicht: 800 Höhenmeter liegen zwischen Startpunkt und Gipfelpyramide. Wer schon beim Lesen ins Schwitzen kommt: Keine Sorge, man kann den Gipfelmoment auch einfacher haben. Mit dem Auto die steilen Serpentinen bezwingen, und dann vom Gipfel aus auf dem Josef-Seger-Weg eine Runde drehen. Ein herrlicher Rundweg. Und doch ist das nicht dasselbe, wie so ein Gipfeltrail ...

Über Steine und Äste durch den dichten Wald wandern. Gut, dass die Wanderschuhe sitzen.

Und dass man das erste Zwischenziel immer wieder vor Augen hat: den Kandelfelsen. Wenn das nicht motiviert! Und was hat man nicht schon alles gehört über jenen magischen Felsen. Ein Felsmassiv aus Gneis, 350 Millionen Jahre alt. 1981, ausgerechnet in der Walpurgisnacht, kurz nach Mitternacht, krachte dort der »Teufelsfelsen« mit lautem Donnern in die Tiefe. Die Bergwacht machte damals einen seltsamen Fund: In den Steinbrocken lag ein Reisigbesen!

Auch wer nicht an Hexen glaubt: Der Felsen ist ein zauberhafter Ort. Mit sagenhaftem Blick hinab nach Waldkirch. Wer jetzt den Damenpfad weitergeht, steht in 20 Minuten auf dem Gipfel. Doch der Weg ist steil - und es gibt ja auch noch den Kleinen Kandelfelsen zu entdecken. Außerdem wäre es jammerschade, die Thomashütte zu verpassen. Auf geht's!

Den Schildern nach wandert man entspannt durch dann Wald, bis zum nächsten Felsplateau. Schöner kann man nicht vespern, als hier oben an der Thomashütte. Das Herz schlägt gleich etwas schneller. Was für ein Blick! Unter einem liegt das Glottertal, so klein wie eine Eisenbahnwelt. Und weiter

---

Hin & weg: Am besten mit dem Auto zum Parkplatz am Waldgasthof Altersbach, geht auch mit dem Zug bis Waldkirch (dann verlängert sich die Wanderung).

Beste Zeit: Besonders schön im Frühsommer. Geht aber das ganze Jahr, nur trocken sollte es sein, sonst wird's schnell rutschig an den felsigen Stellen.

Dauer & Strecke: Aufstieg 3,5 Std., 9 km und etwa 820 Höhenmeter. Zurück geht's in 6,5 km auf dem Kandel-Höhenweg.

Ausrüstung: Unbedingt Wanderschuhe, Vesper und Wasser.

Wer so hoch hinaufsteigt, hat sich eine Kartoffelssuppe mehr als verdient. Bestellt wird sie beim Fensterliwirt natürlich direkt am Fensterli.

drüben entdeckt man die Kirchtürme von St. Peter und den Feldberg.

Am liebsten würde man einfach sitzen bleiben. Doch es wartet ja auch noch die Gummenhütte. Beim Fensterliwirt muss man einfach einkehren und am Fensterli eine Suppe mit frischem Bauernbrot bestellen. Von dort sind die letzten Höhenmeter zum Gipfel nur noch ein Klacks. Erst über blühenden Bergwiesen, dann durch den Buchenwald, die letzten Schritte hinauf zur Gipfelpyramide. Geschafft! Dieser Gipfelmoment gehört zum Schönsten, was man beim Wandern erleben kann.

FAZIT: DIESE TOUR IST ZWAR KEIN SPAZIERGANG, DOCH DER KANDEL ZIEHT ALLE MAGISCH AN. UNBEDINGT HINAUFSTEIGEN. DENN WER NICHT EINMAL VOM TAL BIS AUF EINEN GIPFEL GESTIEGEN IST, HAT DEN SCHWARZWALD NICHT WIRKLICH ERLEBT.

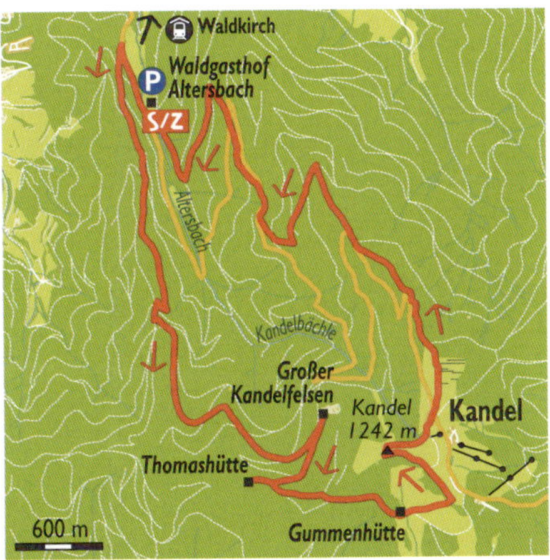

EXPEDITION IM URWALD

... in der Rötenbachschlucht

#37

Grün, feucht, wild: Eine Sommer-Wanderung durch die enge Rötenbachschlucht im Hochschwarzwald ist wie eine Expedition in den Urwald. Riesige Grünpflanzen stehen am Weg, der Rötenbach gurgelt, türkisfarbene Libellen fliegen umher. Auf schmalen Pfaden geht's immer weiter, hinein in die Wildnis.

#exotischerSchwarzwald #abindenDschungel #wildundgrün

Wilde Wanderung: In der Rötenbachschlucht sind Wanderschuhe Pflicht. Fotofans packen die Kamera ein, denn am Wegesrand gibt's unzählige exotische Motive.

Ssssssssss. Es summt und surrt. Dicht über dem Wasser fliegen sie durch die warme Luft. Libellen – und was für welche! Ein ganzer Schwarm. Faszinierend sehen sie aus, in ihrem herrlichen Türkis. Die Augen können sich hier kaum sattsehen. Gelbe Blüten, weiße, lilafarbene. Riesige, grüne Kelchblätter. Dichte Farne. Im Wind schwankendes Schilf. Schmetterlinge flattern, Käfer krabbeln, Vögel zwitschern. Und dann die Sonne, die den glucksenden Rötenbach glitzern lässt.

Wie auf einer Urwald-Expedition fühlt man sich hier, mitten im Naturschutzgebiet. Vor allem im Sommer, wenn die Sonne brennt, ein warmer Wind durch die Schlucht zieht. Dann schlägt einem die Feuchtigkeit des Baches kühl entgegen. Die Rötenbachschlucht, eine große Klimaanlage.

Der Weg ist abenteuerlich. Man startet am besten am Rötenbacher Rathaus. Von dort geht's immer entlang des Rötenbachs. Der Pfad wird immer schmaler zwischen den Felswänden. Es geht bergab und auch mal steil hinauf, immer am Bach entlang, über Stege und

---

Hin & weg: Mit der Bahn bis Rötenbach. Kommt man mit dem Auto, dann empfiehlt sich der ausgeschilderte Wanderparkplatz.

Beste Zeit: Im Sommer ist die Vegetation besonders wild, die Schlucht wie eine Klimaanlage. Achtung bei großer Feuchtigkeit und bei Regen: Die Steine werden sehr rutschig! Am besten nur bei trockenem Wetter gehen.

Dauer & Strecke: Rundweg 4 Std. und 12 km.

Ausrüstung: Wanderschuhe einpacken, Vesper auch. Und die Kamera – vor allem Botanik-Fans finden viele Motive.

Brücken, vorbei an Stromschnellen und einem Wasserfall. Hier gibt es so viel zu sehen, da vergisst jeder die Zeit. Nach 5,5 Kilometern ist der Weg zu Ende. Eine neue Schlucht beginnt: Der Rötenbach mündet in die große Wutach. Bis zu 200 000 Besucher kommen jedes Jahr in die Wutachschlucht um die wilde Schönheit des Naturschutzgebietes zu erleben.

Was nun? Weitergehen in den »Grand Canyon des Schwarzwalds«? Am besten bis zum Räuberschlössle wandern (insgesamt 16 Kilometer, 5–6 Stunden, weitere Infos unter www.wutachschlucht.de). Oder doch lieber zurück in die einsame Wildnis?

FAZIT: DAS IST WAS FÜR HEIßE SOMMERTAGE! AUCH WENN DIE GROßE SCHWESTER, DIE WUTACHSCHLUCHT, BELIEBTER IST: IN DER RÖTENBACHSCHLUCHT IST WENIGER LOS.

HERBST, LAUB, ORIENT!

… auf der Dobler Höhenrunde

#38

Der Winter kommt noch früh genug, also nichts wie raus in den farbenfrohen Herbstwald. Der Schwarzwald ist mit seinen bunten Bäumen überall wunderschön – im Enztal lockt allerdings auch noch ein orientalisches Thermalbad.

#bunteBlätter #grandioseAussicht #DoblerHöhenrunde #badenwieimOrient

Umgeben von Wäldern liegt Dobel auf einem herrlichen Hochplateau auf 720 Metern Höhe. Perfekt, um die Herbstsonne zu genießen. Die Wanderung startet an der Touristinfo in Dobel. Von dort geht's weiter auf dem legendären Westweg, fast ohne Steigung. Der beliebte Fernwanderweg führt auf 285 Kilometern quer durch den Schwarzwald, von Pforzheim bis Basel. Für diesmal soll die Etappe bis zur Schweizerkopfhütte genügen.

Die Augen können sich kaum satt sehen an den bunten Bäumen. Der Schwarzwald ist im Herbst genial. Wie gemalt liegt die Landschaft vor einem. Und hier oben im Nordschwarzwald, rund um Dobel, gibt's oft Sonne satt! Vom Wanderpavillon Schweizerkopfhütte aus ist die Aussicht sagenhaft. Der Blick schweift über bunte Bäume, hinab über das Gaistal bis zur Rheinebene. Ganz hinten sind sogar die Vogesen im Elsass zu sehen.

Ziehen plötzlich Wolken auf und der Wind pfeift? Keine Sorge: Der Dobler Höhenweg ist nicht sehr lang. Schnell geht's zurück zum Ausgangspunkt. Und als Belohnung wartet nun der entspannte

---

Hin & weg: Dobel liegt etwas abseits und ist am besten mit dem Auto zu erreichen. Bad Wildbad erreicht man von Pforzheim aus gut mit der Stadtbahnlinie S6. Das Palais Thermal liegt im Ortszentrum.

Beste Zeit: Sonniger Herbsttag.

Dauer & Strecke: 3 Std. und 12 km zu Fuß auf der Dobler Höhenrunde. Das Thermalbad Palais Thermal hat täglich geöffnet – und zwar für Besucher ab 12 Jahren (www.palais-thermal.de).

Ausrüstung: Wanderschuhe und Proviant – die Badesachen nicht zu vergessen.

Der Herbst ist da: Eine Wandertour durchs bunte Laub macht den Kopf frei. Und wenn Nebel aufzieht, ab ins Thermalbad!

Teil des Herbsttags: Ab ins Palais Thermal in Bad Wildbad. Was für ein Badetempel! Die Muskeln entspannen im 38 Grad warmen Wasser – und die Gedanken gehen auf Reisen. Bunte Mosaike, Stuck an hohen Decken, antike Marmorfiguren: Kein Wunder, dass in Bad Wildbad schon gestresste Könige und Fürsten entspannten! Hier fühlt man sich wie in einer anderen Welt. Nicht mehr wie im herbstlichen Schwarzwald, sondern weit weg: im Orient ...

FAZIT: ERST DURCH DAS BUNTE HERBSTLAUB WANDERN UND DIE AUSSICHT GENIEßEN, DANACH IM WARMEN THERMALWASSER PLANSCHEN UND ENTSPANNEN. DIESE KOMBI IST WELLNESS FÜR KÜHLE HERBSTTAGE.

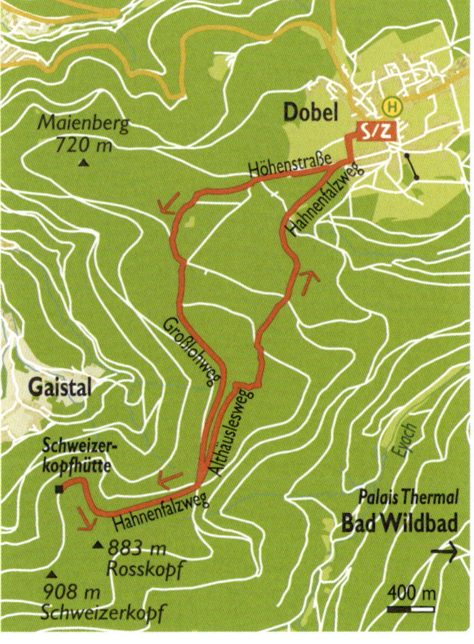

WAS FÜR WIPFEL-STÜRMER!

... der Baumwipfelpfad Bad Wildbad

#39

Die Tannenwipfel sind zum Greifen nah hier oben, 20 Meter über dem Waldboden. Im Zickzack führt der Baumwipfelpfad auf dem Sommerberg durch den Nordschwarzwald. Doch der Höhepunkt wartet am Ende: ein Aussichtsturm. Und was für einer!

#überdenTannen #hochhinaus #WipfelGipfel

Plötzlich steht er da. Aus Holz und Stahl, ziemlich hoch und doch filigran. Und irgendwie sieht er etwas schief aus. 40 Meter ist der Turm hoch, hinauf geht's ohne eine einzige Treppenstufe. Oben gibt's ganz neue Perspektiven auf den dichten Schwarzwald. Was für ein 360-Grad-Panorama! Bei klarer Sicht reicht der Rundumblick sogar bis ins Elsass

Tasten, balancieren und am Ende rauf auf den Turm: Der Baumwipfelbad ist ein Erlebnis für alle.

und zu den Schweizer Alpen. Der Wind weht einem um die Nase. So fühlt sich Freiheit an!

Zuvor ging's auf dem Baumwipfelpfad über breite Holzstege immer höher hinauf, mitten durch den Wald. Buchen, Tannen, Fichten, alle zum Greifen nah. Verschiedene Lernstationen verkürzen den Weg: Ein Riechmemory, ein Tierspurenrätsel, ein Tastspiel. Viele Infos zum Wald und zu den Bäumen gibt's zudem. Und wer schwindelfrei ist, balanciert in 20 Metern Höhe über lange Stämme und schwingende Holzbalken. Das macht richtig Spaß!

Wer möchte, kann den Rückweg am Ende abkürzen: Nur 20 Sekunden dauert die Rutschpartie durch die 55 Meter lange silberne Tunnelröhre. Bis zu 30 Kilometer pro Stunde kann man darin schaffen. Also auf die Rutschmatte, Füße voraus, Hände an den Griff – und ab geht's!

Im Wald rund um den Baumwipfelpfad kann man übrigens herrlich picknicken. Also Vesper einpacken! Wer gerne gemütlich auf der Terrasse sitzt und sein Essen bestellt, der findet in der traditionellen Skihütte auf dem Sommerberg alles, was sein Herz begehrt (Öffnungszeiten auf skihütte-badwildbad.de).

FAZIT: EINFACH KLASSE! DER BAUMWIPFELPFAD IST WAS GANZ ANDERES ALS EINE NORMALE WANDERUNG, UND MAN MUSS KEINE SPORTSKANONE SEIN.

Hin & weg: Mit der S6 von Pforzheim aus (bis Haltestelle Uhlandplatz). Weiter mit der Sommerbergbahn hinauf zum Baumwipfelpfad.

Beste Zeit: Ganzjährig, außer bei Sturm, Hagel, Eis oder Gewitter. Wer rutschen möchte, kommt April–Oktober. Der Pfad kostet Eintritt und ist barrierefrei, für die Rutsche zusätzliches Ticket lösen (www.baumwipfelpfad-schwarzwald.de).

Dauer & Strecke: Etwa 2–3 Std. und 1,3 km zu Fuß auf dem Baumwipfelpfad.

Ausrüstung: Picknick nicht vergessen.

AUF SPUREN DURCH DEN SCHNEE

Langlauf ist langweilig und nur was für Rentner? Von wegen! Mit dem Sport auf zwei Skiern ist man voll in der Spur! Und der Schwarzwald lockt mit mehr als 2000 Kilometern Langlaufpiste. Hinterzarten ist perfekt für Anfänger – und auch für diejenigen, die gerne sportlich unterwegs sind. Auf in die Loipe!

#indieLoipe #dünneBretter #Freiluftsport #Langlaufspaß

Erst geht's in die Loipe, danach locken Skischanze, Skimuseum und Schwarzwälder Kirschtorte. Was für ein Wintersporttag in Hinterzarten!

Blauer Himmel, verschneite Tannen – perfektes Wintersportwetter. Während die Parkplätze an den Skiliften im Schwarzwald schon frühmorgens überfüllt sind, geht's im Höhenluftkurort Hinterzarten gemütlich zu. Langlaufskier, Stöcke und Schuhe gibt's an den Verleihstationen, Tipps für die beste Tour vom Skilehrer gleich mit dazu.

Direkt am Kurhaus, fünf Minuten vom Bahnhof, ist das Loipenzentrum. Idealer Start für das Training im Schnee. Keine Steigung, keine Kurven, perfekt für Anfänger. Wer schon mal auf Skiern den Berg hinabgefahren ist, wird auch auf den schmalen Brettern schnell klarkommen. Vor allem mit der klassischen Technik, bei der die Langlaufski in der Spur bleiben: links, rechts, links, rechts, links, rechts. Das Tempo entscheidet jeder für sich. Langsam hat das was von Meditation, wer die Geschwindigkeit aber steigert, sich abstößt und gleitet, ist schnell im Sportmodus.

Noch schneller geht's mit der Skating-Technik. Die ist etwas schwieriger für Anfänger, aber ausprobieren schadet ja nicht. Also einfach mal raus aus der Loipe, auf die gewalzte Bahn und losskaten – so ähnlich wie beim Inliner- oder Schlittschuhfahren, nur mit dünnen Brettern unter den Füßen und langen Stöcken in den Händen. Da geht der Puls ganz schön nach oben.

In Hinterzarten kann man langlaufen, wohin man möchte. Und das Beste: Alle Loipen lassen sich zu einem großen Rundkurs verbinden. Einfach kombinieren – nach Lust, Laune und Kondition. Insgesamt 100 Kilometer kann man in Hinterzarten auf den Langlaufskiern verbringen, ohne denselben Weg zu fahren.

Wer gute Kondition hat, macht sich auf den Weg hinauf zum Raimartihof. Dort gibt's als

---

Hin & weg: Am besten und umweltfreundlich mit der Höllentalbahn von Freiburg oder Donaueschingen bis Hinterzarten, dann zu Fuß zum nächsten Skiverleih.

Beste Zeit: Wenn Schnee liegt.

Dauer & Strecke: So lange die Kondition reicht! In Hinterzarten kann man insgesamt 100 Kilometer auf den Langlaufski verbringen, ohne einen Weg zweimal zu fahren (www.loipenportal.de).

Ausrüstung: Sportkleidung nach dem Zwiebelprinzip, Handschuhe, Mütze.

Belohnung für die Zehn-Kilometer-Runde eine Schwarzwälder Spezialität: leckere Brägele (Bratkartoffeln). Doch auch alle anderen haben sich am Ende des Tages was verdient: Eine Schwarzwälder Kirschtorte, zum Beispiel im Café Diva (hinter dem Parkhotel Adler). Die Kalorien lohnen sich!

Nicht verpassen: die Adlerschanze und das Schwarzwälder Skimuseum. Dort erfährt man nicht nur viel über den Skihelden Georg Thoma und wo der erste Skilift der Welt stand, sondern sieht auch einen alten Schwarzwaldhof von innen (www.schwarzwaelder-skimuseum.de).

FAZIT: BEWEGUNG AN DER FRISCHEN WINTERLUFT, EINE PERFEKTE FETTVERBRENNUNG – UND DIE LOIPEN SIND AUCH NOCH KOSTENLOS. WAS WILL MAN MEHR?

3. KAPITEL MINIURLAUB

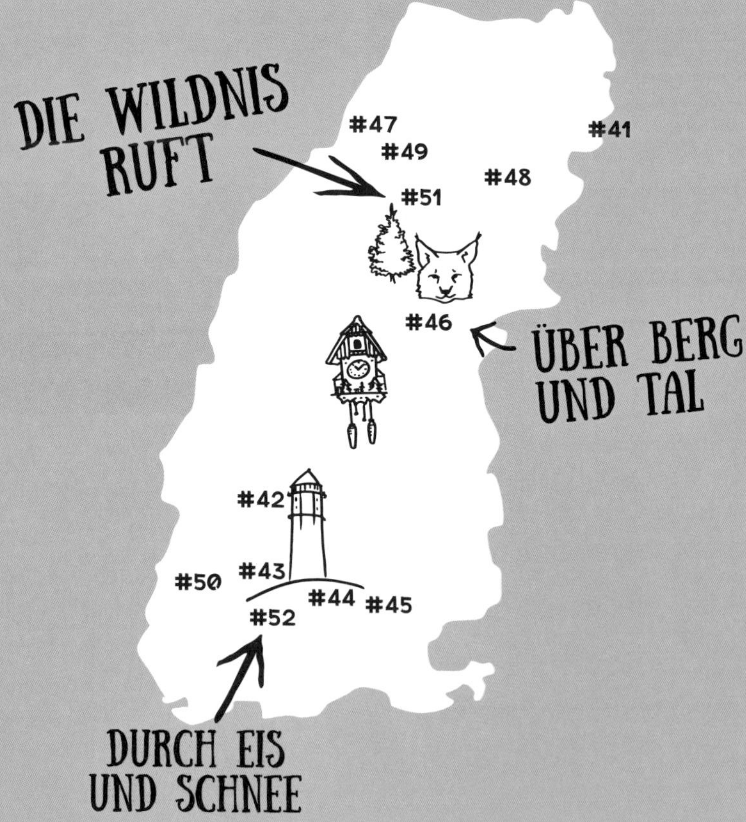

Ferien für ein Wochenende

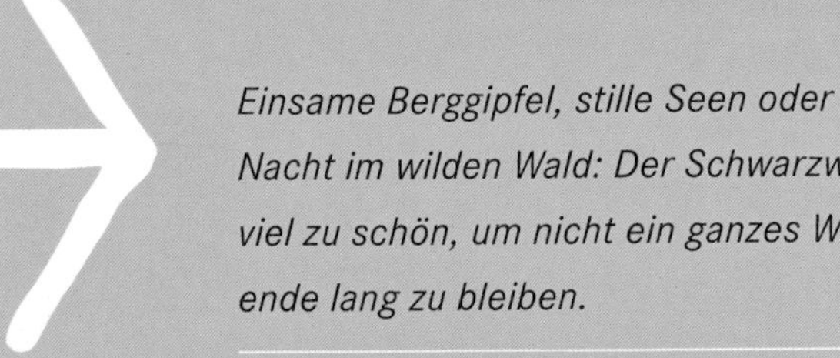

36H

Einsame Berggipfel, stille Seen oder eine Nacht im wilden Wald: Der Schwarzwald ist viel zu schön, um nicht ein ganzes Wochenende lang zu bleiben.

TIERISCH GUTES WOCHEN-ENDE

Es summt. Und wie. Kein Wunder, schließlich teilt man sich das besondere Nachtquartier mit 50 000 Mitbewohnern. Ein Bett im Bienenwagen, das ist etwas Besonderes. Genau wie Wildberg, die Schäferstadt.

#tierischeTour #fleißigeBienen #Schäferleben

Kaum öffnet man die Tür zum Bienenwagen, steigt er einem direkt in die Nase: Bienenduft. Wie das riecht! Dafür sorgen die fünf Bienenvölker, die in Kästen im Bienenwagen leben. Keine Angst: Wer die Nacht dort verbringt, muss sich nicht vor Stichen fürchten. Die rund 50 000 Bienen sind hinter Schutzgittern untergebracht. Sie summen einen sanft in den Schlaf – ein tierisches Erlebnis.

Der Wagen steht am kleinen Campingplatz Carpe Diem. Wer möchte, kann sich im Bienenwagen auch eine Honigmassage gönnen. Und wem die Bienen suspekt sind: In der Nachbarschaft stehen auch Schäferwagen bereit – ganz ohne tierische Übernachtungsgäste.

Auf den Spuren der Schäfer geht's durch den sympathischen kleinen Ort an der Nagold. Vom ehemaligen Kloster Maria Reuthin (hier gibt es ein kleines Museum) spaziert man hinauf auf die Höhen, durch Streuobstwiesen und Felder. Wer Glück hat, sieht einen Wanderschäfer mit seiner Herde durchziehen. Vielleicht ist es sogar der Stadtschäfer von

---

Hin & weg: Mit der Bahn über Pforzheim nach Wildberg. Wer so anreist, bekommt ein Glas Honig geschenkt.

Beste Zeit: Ein Besuch geht immer, der Bienenwagen steht allerdings nur April bis September.

Dauer & Strecke: 3 Std. und 9 km zu Fuß (Flyer zur Rundtour gibt's vor Ort, Tourdaten auch auf www.wildberg.de).

Ausrüstung: Wanderschuhe und Lust auf Bienenbesuch.

Wenn es Nacht wird: Ab in den Bienenwagen (Buchung auf www.naturheilpraxismelchger.de) oder nebenan auf dem Campingplatz Carpe Diem übernachten (www.campingcarpediem.de).

Tierisch gut: Im Bienenwagen teilt man sich ein Nachtquartier mit 50 000 Bienen. Und auf der Rundwanderung durch Wildberg trifft man das eine oder andere Schaf.

Wildberg, der mit seinen Tieren auch heute noch die Landschaft pflegt?

Weiter geht es auf der gut ausgeschilderten Rundtour »Auf den Spuren der Schäfer«, vom Nagoldufer hinauf zur Alten Schafscheuer. Mit Blick auf das schöne Gebäude kann man sich hier auf einer Bank ausruhen und das Vesper auspacken. Bis in die 1970er-Jahre war das der Stall des Stadtschäfers. Mittlerweile gibt es einen modernen Schafstall, wohin der Weg als Nächstes führt.

1500 Schafe gibt es heute noch in Wildberg, und drei Schäferbetriebe. Die Schäfer-Tradition lebt also weiter. Vor allem am dritten Wochenende im Juli. Dann findet alle zwei Jahre ein ganz besonderes Spektakel statt: der Schäferlauf. 1723 trafen sich auf der Festwiese an der Nagold zum ersten Mal die Schwarzwälder Schäfer, um zu feiern – und barfuß um die Wette zu laufen. Das tun die Wildberger noch heute ...

Auf keinen Fall verpassen sollte man zum Abschluss der tierischen Rundtour den Abstecher durch die wildromantische Lützenschlucht. Im Sommer ist es dort herrlich kühl – genau wie an der Nagold. Wer am nächsten Tag Lust auf Bewegung hat, der steigt auf den Drahtesel und radelt entspannt den Nagoldtalradweg entlang. Räder – auch E-Bikes – leiht man sich einfach am Campingplatz.

FAZIT: TIERISCH GUT! ERST VON BIENEN IN DEN SCHLAF SINGEN LASSEN, DANN AUF DEN SPUREN DER SCHÄFER DIE GEGEND ERKUNDEN. WILDBERG IST EINE REISE WERT.

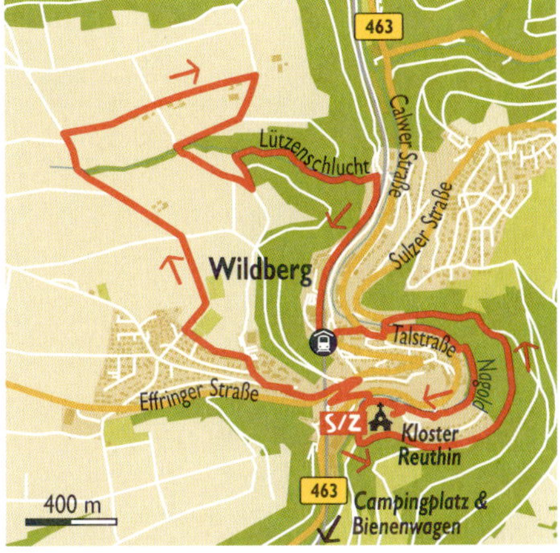

ZAUBER-HAFTER ZWERIBACH

… auf einer wildromantischen Wanderung um St. Märgen

Hierhin geht's nur zu Fuß: Die Zweribach-Wasserfälle liegen mitten im Urwald von morgen. Wer den zauberhaften Ort sehen möchte, der hat eine abenteuerliche Wanderung vor sich – durch einen wilden Bannwald und über schroffe Felsen.

#mystischerWasserfall #überStockundStein #Kletterpartie #zumKuckuck

Über schroffe Felsen: Wer den Zweribach-Wasserfällen ganz nahe kommen will, der muss eine Kletterpartie wagen.

Im Sommer glitzert der Wasserschleier, im Winter sind die Fälle vereist, im Herbst steigt Nebel auf. Und so kraxeln Besucher vorsichtig heran. So nahe, dass sie den Wasserstaub im Gesicht spüren!

Der Weg dorthin ist mehr Klettern als Wandern. Doch das lohnt sich: Die Zweribach-Wasserfälle sind ein geheimnisvoller Ort. Selbst im Sommer ist es kühl, das Wasser des Zweribachs. Zehn Meter stürzt es hier, mitten im Wald, über schroffe Felsen hinab. Viele Wege führen hin. Der vom Gasthaus Hirschen in St. Märgen aus ist besonders spannend. Von der schönen Gemeinde auf 900 Metern Höhe geht's hinab durch den Bannwald. In dem großen Naturschutzgebiet soll der Wald wieder zu dem werden, was er bis zum Ende des 16. Jahrhunderts schon einmal war: Ur-Wald. Säge und Axt sind deshalb hier verboten.

Je näher man den Wasserfällen kommt, umso grüner wird die Natur: Farne, Wasserblumen, Kleeblätter, Moos. Ein Zauberwald, der faszi-

niert. Vor allem, wenn sich auf den Pflanzen die Regentropfen sammeln. Schöner geht's nicht, oder? Der ausgeschilderte Rundweg ist anspruchsvoll. Nach den Wasserfällen führt er über die Kapfenkapelle zurück nach St. Märgen, wo man unbedingt in die Krone einkehren sollte, das beste Landfrauen-Café mit sagenhaften Kuchen und Torten. Und die Nudelsuppe schmeckt so gut wie früher bei Oma (www.cafe-goldene-krone.de). Wer unterwegs Hunger bekommt, sollte einen Abstecher (1,5 Kilometer) zum Plattenhof machen. Dort gibt's leckeres Vesper!

Am nächsten Tag geht es dann ausgeruht weiter. St. Märgen ist nicht nur bekannt für seine gute Luft und die sonnige Höhenlage, sondern auch für das Klostermuseum. 150 Uhren ticken dort. Sie zeigen, wie sich die Schwarzwälder Uhr zur weltbekannten Kuckucksuhr entwickelt hat (www.kloster-museum.de). Direkt daneben liegt die barocke Wallfahrtskirche Mariä Himmelfahrt, in die Besucher gerne einen Blick werfen dürfen.

Hin & weg: Mit dem Zug bis Hinterzarten, von dort mit dem Bus weiter nach St. Märgen (Haltestelle Post).

Beste Zeit: Geht zu jeder Jahreszeit – bei Regen ist die Wandertour aber etwas rutschig.

Dauer & Strecke: Rund 4 Std. und 12 km, 450 Höhenmeter.

Ausrüstung: Unbedingt Wanderschuhe tragen, der Weg ist steinig und in der Nähe der Wasserfälle sehr rutschig: Nicht einfach zu gehen …

Wenn es Nacht wird: Übernachten kann man in St. Märgen zum Beispiel im Gasthaus Hirschen (www.derhirschen.de). Das traditionsreiche Schwarzwaldhotel ist modern saniert, die Zimmer schön designt, der kleine Wellnessbereich perfekt für die Entspannung nach dem Wandertag.

Was für ein Zauberwald: Wer zu den Zweribachfällen wandert, entdeckt den wilden Wald. Besonders zauberhaft und grün ist der auch mitten im Winter.

Wer auch am zweiten Tag Bewegung braucht, dreht eine sportliche Runde auf der Finn-Bahn im Wald am Ortsausgang – macht am meisten Spaß mit Nordic-Walking-Stöcken, geht aber auch mit Joggingschuhen. Daneben liegt die Mountainbike-Strecke. Die 1,6 Kilometer sind für jeden frei zugänglich, allerdings nicht für Anfänger geeignet. Für alle ein Erlebnis ist das herrliche Naturfreibad. Bei gutem Wetter gibt es nichts Schöneres, als dort ins Wasser zu springen!

FAZIT: HERRLICHE WANDERUNG – MIT MYSTISCHEN WASSERFÄLLEN MITTEN IM WILDEN BANNWALD. DER WEG IST SPANNEND, UND ST. MÄRGEN EIN TOLLER AUSGANGSPUNKT MIT GUTER GASTRONOMIE UND GROßEM ERHOLUNGSFAKTOR.

GIPFEL-GLÜCK

#43

Das ganze Jahr über ist hier Trubel. Touristen aus dem In- und Ausland wollen ihn bezwingen, den Feldberggipfel. 1493 Meter ist er hoch. Der Höchste im Schwarzwald. Doch abends ist man hier im Gipfelglück!

Verlaufen kann sich am Feldberg niemand. Der Blick ist genial – und der Sonnenuntergang vom Gipfel aus sowieso.

Um 17 Uhr ist Feierabend auf dem höchsten Gipfel des Schwarzwalds. Spätestens dann stehen die Gondeln der Feldbergbahn still. Perfekt für alle, die noch hoch hinaus wollen. Los geht der Aufstieg auf dem Felsenweg hoch zum Bismarck-Denkmal. Zu Fuß. Mit leichtem Gepäck für den Overnight-Trip: Zahnbürste, Wechselklamotten. Mehr braucht's nicht.

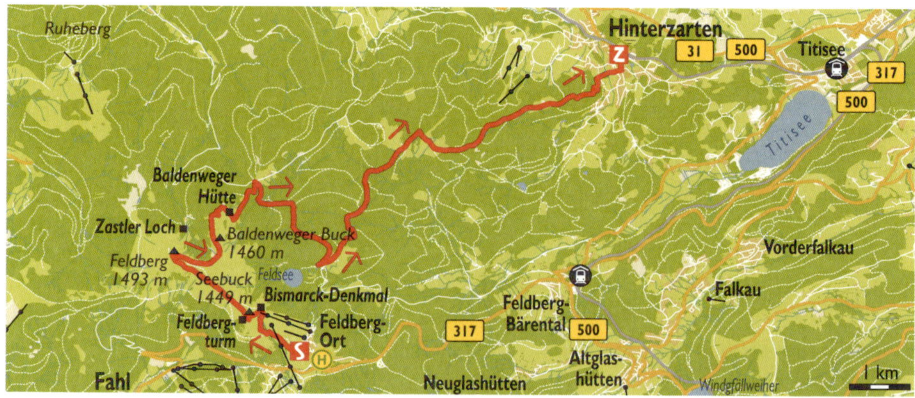

Ein paar Wanderer kommen einem entgegen, gemütlich gehen sie bergab, zur Talstation der Feldbergbahn. Bergauf wandert um diese Uhrzeit fast niemand mehr. Dabei ist der Tag doch noch lange nicht zu Ende. Die Sonne strahlt ja noch. Kuhglocken klingen aus der Ferne. Schwarzwaldidylle!

Vom Bismarck-Denkmal hat man einen herrlichen Blick hinab auf den dunklen Feldsee. Morgen früh wird der Abstieg dort vorbei führen. Auf dem Westweg geht es dann zurück bis nach Hinterzarten. Doch erstmal weiter hinauf zum Seebuck. Der Gipfel ruft!

Je tiefer die Sonne steht, desto schöner wird das Licht. Der Feldbergturm leuchtet im Abendlicht. Ein schnelles Selfie, weiter geht die Wanderung über den Grüblesattel. Der Weg ist leicht zu finden, hier oben ist alles gut ausgeschildert.

Am Zastler Loch ist die Sicht atemberaubend. In der Eiszeit schoben sich hier Gletscher ins Tal und bildeten diesen tiefen Kessel. Ein magischer Ort, so kurz vor Sonnenuntergang. Die Farben werden immer intensiver. Farne, Gräser, Blumen - alles schimmert im Gegenlicht. Schnell weiter Richtung Gipfel. Abends ist kaum jemand hier oben. Dabei macht sich die Sonne jetzt langsam bereit für ihren letzten großen Auftritt. Der Himmel explodiert. Lila. Rosa. Blau. Pures Gipfelglück!

Zum Nachtquartier ist es von hier nicht mehr weit: 30 Minuten steigt man ab Richtung Baldenweger Buck und zur Baldenweger Hütte (www.baldenweger-hütte.de). Direkt daneben liegt das gemütliche Naturfreundehaus. Und dort kann sie dann kommen - die Nacht in den Bergen.

FAZIT: DIESE TOUR IST WAS FÜR ECHTE NATURFREAKS. DEN SONNENUNTERGANG AM FELDBGER MUSS MAN ERLEBT HABEN. UND MIT ETWAS GLÜCK IST MAN AUF DEM GIPFEL FAST ALLEINE.

Hin & weg: Mit der Höllentalbahn nach Titisee oder Bärental, weiter mit dem Bus zum Feldberg. Dann zu Fuß.

Beste Zeit: Sommer - und draußen im Gras sitzend den Sonnenuntergang genießen.

Dauer & Strecke: 5,5 Std. und 18 km, 400 Höhenmeter rauf, 800 runter. Auf zwei Tage verteilt.

Ausrüstung: Feste Schuhe, Stirnlampe und Verpflegung.

Wenn es Nacht wird: Ins Naturfreundehaus Feldberg auf 1350 Metern. Dort übernachtet man einfach, aber günstig (www.naturfreundehaus-feldberg.de).

NIX ZU MECKERN ...

#44

Rechts Berghänge, links Berghänge. Und mittendrin im Albtal liegt Menzenschwand. Das Schwarzwalddorf beeindruckt mit seiner wunderschönen Natur – und seiner Ruhe. Wer dort unterwegs ist, hört nur das Rauschen der Alb-Wasserfälle. Und die Glocken der Geißen.

#Schwarzwaldidylle #aufdemGeißenpfad #wasfürWasserfälle

Vom schicken hölzernen Waldsofa aus hat man den besten Überblick: Die Schwarzwaldhöfe von Menzenschwand, das grüne Albtal, die Ziegenherden – hier will man am liebsten sitzen bleiben.

Doch es gibt noch so viel zu sehen. Auf den Weiden grasen die Geißen, wie die Schwarzwälder zu den Ziegen sagen. Auf dem elf Kilometer langen Geißenpfad geht es vom Wanderparkplatz Mösle aus los. Wer Glück hat, sieht gut und gerne auch mal die Tiere direkt neben sich stehen. Oder die Steinmännchen am Wegesrand. Und die riesigen Gesteinsbrocken, die Erdmoränen, alles Reste des früheren Feldberg-Gletschers.

Und natürlich die Menzenschwander Wasserfälle, die ins Tal rauschen. Herrlich kühl ist es hier, so mitten im schattigen Wald. Nur ein paar Schritte entfernt kann man noch eine herrliche Pause einlegen: Im Café und Bergbeizle Wasserfall (www.albhof-wasserfall.de).

Hier sitzen Gäste bei gutem Wetter im Biergarten, mit Blick ins Menzenschwander Tal, und bei schlechtem Wetter in der gemütlichen Gaststube. Bibiliskäs mit Brägele oder ein gegrillter Ziegenkäse – echte Schwarzwälder Leckerbissen!

Am nächsten Tag lohnt sich ein Rundgang durch Menzenschwand. Prachtvolle jahrhundertealte Schwarzwaldhöfe liegen dort. Knapp 600 Einwohner wohnen in den drei Teilen Vorderdorf, Mitteldorf und Hinterdorf. Viel mehr zu sehen gibt es eigentlich nicht. Halt! Das Winterhalter-Museum darf man nicht verpassen. Die beiden Malerbrüder Franz Xaver und Hermann Winterhalter sind

Wasser, Tannen und Tiere: Der Geißenpfad in Menzenschwand ist herrlich. Und die Ruhe in dem kleinen Schwarzwaldort erst!

Menzenschwands berühmte Söhne aus dem 19. Jahrhundert.

Das Museum an der Hauptstraße kann niemand verfehlen. Wer reinkommt, steht in einem kleinen Salon mit Biedermeier-Sofa. Darüber hängt eine Kopie des Porträts von Kaiserin Sisi, gemalt von Franz Xaver Winterhalter. Der Bauernsohn aus einfachen Verhältnissen hat es bis an die großen Königshöfe geschafft – raus aus dem herrlichen Schwarzwalddorf. Doch bei allem Ruhm blieb er seiner Heimat immer eng verbunden. Wer einmal selbst in Menzenschwand war, versteht auch, warum.

Hin & weg: Am besten mit dem Auto zum Wanderparkplatz Mösle. Mit öffentlichen Verkehrsmitteln: Zug nach Seebrugg, weiter mit dem Bus nach St. Blasien, umsteigen nach Menzenschwand.

Beste Zeit: Mai–Oktober, dann sind abends die Wasserfälle beleuchtet. Öffnungszeiten des Museums Le petit Salon Winterhalter, Hinterdorferstraße 15, und weitere Infos dazu unter www.winterhalter-menzenschwand.de

Dauer & Strecke: 4 Std. und 11 km zu Fuß. Ambitionierte Wanderer steigen über die Menzenschwander Hütte zum Feldberg auf (6–7 Std., 19,7 km).

Ausrüstung: Festes Schuhwerk und Verpflegung.

Wenn es Nacht wird: Wer übernachten will, genießt die Ruhe auf 900 Metern in den »Kuckucksnestern« im Albhof. Direkt neben den Wasserfällen sind in einem alten Schwarzwaldhof moderne Ferienwohnungen entstanden. Von wegen Spitzengardine, Teppichboden und Doppelbett! Mittlerweile gibt es mehrere der Design-Ferienwohnungen – alle mitten im Schwarzwald (www.kuckucksnester.de).

FAZIT: MIT SEINER LAGE UND DEN HÖFEN IST MENZENSCHWAND EINES DER SCHÖNSTEN SCHWARZWALDDÖRFER. HINFAHREN, ANKOMMEN – UND AM BESTEN EINFACH DABLEIBEN!

eauregard

LEINEN LOS

Das Boot legt ab. Der Wind weht in den Haaren. Wasser spritzt ins Gesicht. Tiefblau liegt der Schluchsee vor den grünen Schwarzwaldtannen. Vom Wasser aus ist der Stausee besonders schön. Und je nach Windstärke geht's richtig schnell voran. Wie schnell, das erleben Anfänger beim Schnuppersegeln.

#Segelbootahoi #KlarzurWende #volleKraftvoraus

Wind im Segel: Der Schluchsee ist für Anfänger ein tolles Segelrevier.

Pinne, Schoten, Baum, Backbord, Steuerbord, Wende ... Hilfe! Wer das erste Mal auf einem Segelboot sitzt, versteht kein Wort. Aber keine Angst: Beim Schnuppersegeln auf dem Schluchsee lernt jeder die Seglersprache – und zwar direkt auf dem Boot. Backbord ist links, Steuerbord rechts. Na dann!

Schon wenig später kommt die erste Herausforderung für die Crew: eine Wende. »Klar zur Wende?«, ruft der Steuermann. »Klar«, ruft der Rest. Noch ein lautes »Re!« und schon geht das Schiffsmanöver los: Pinne wegdrücken, der Bug dreht durch den Wind, die Mannschaft muss schnell auf die andere Seite, unterm

---

Hin & weg: Mit der Bahn von Freiburg oder Donaueschingen bis Bahnhof Aha. Die Segelschule liegt direkt gegenüber am Seeufer.

Beste Zeit: Segelsaison ist Mai–Oktober. Schnuppersegeln gibt's jeden Samstag und Sonntag, 10–17 Uhr (Anmeldung und Infos auf www.segelschule-schluchsee.de).

Dauer & Strecke: Bis jemand seekrank wird. Für die Rundwanderung Jägersteig: 3–4 Std. und 12 km.

Ausrüstung: Schwimmwesten gibt's vor Ort, Sonnenschutz mitbringen. Wer einen Segelschein hat, kann ein Boot mieten.

Wenn es Nacht wird: Warum nicht mal träumen zwischen Bäumen im Baumzelt im Schwarzwald-Camp (www.schwarzwaldcamp.com)! Natürlich geht Campen auch ganz einfach und günstig mit dem eigenen Zelt. Von der Segelschule aus ist das Schwarzwald-Camp in 30 Minuten zu Fuß über den Seeweg erreichbar.

Segel und dem Baum durch – ohne den Kopf anzuschlagen. Geschafft! Weiter geht's auf neuem Kurs.

Der Schluchsee liegt auf knapp 1000 Metern Höhe und ist das höchstgelegene Segelrevier Deutschlands. Hier weht immer eine Brise, dafür sorgen die Fallwinde vom Feldberg. Gefährlich ist das Segeln auf dem Schluchsee nicht, die Kielboote der Segelschule wirft so schnell kein Wind um. Das Wichtigste an Bord sind übrigens kleine rote Wollfäden am großen Segel. Sie zeigen an, woher der Wind kommt. Hängen die Fäden nach unten, ist Flaute. Und dann? Paddeln! Oder warten. Bis zur nächsten Böe. Und die kommt am Schluchsee ganz bestimmt.

Segeln macht hungrig: Deshalb geht's in der Mittagspause für Currywurst, Pommes oder Wurstsalat zum Seebeizle-Kiosk in Aha. Eis gibt's auch (www.seebeizle-aha.de).

Wer vom Segeln nicht genug kriegen kann, steigt am nächsten Tag einfach nochmal ins Boot. Oder wie wäre es, sich gemütlich über den See schippern zu lassen? Die MS Schluchsee fährt von Mai bis Oktober mehrmals täglich über den Stausee. Rund 70 Minuten dauert die Schluchsee-Kreuzfahrt. Bei schönem Wetter sitzen Passagiere gemütlich bei Kaffee und Schwarzwälder Kirschtorte auf dem Oberdeck (www.seerundfahrten.de).

Der Ausblick ist wunderschön, trotzdem das Aussteigen nicht vergessen, und zwar am Halt Unterkrummenhof. Im beliebten Schwarzwälder Vesperhof genießt man Speckeier oder Bauernbratwürste – und den Blick auf den See. Der ist übrigens atemberaubend vom Aussichtspunkt Bildstein auf 1134 Metern Höhe. Viele Wanderwege führen zum steilen Felsenplateau, zum Beispiel der gut ausgeschilderte Jägersteig (Start und Ziel ist der Ort Schluchsee). Nirgendwo sonst hat man den Schluchsee fast komplett vor Augen. Was für ein Panoramablick – auf das dunkle Wasser und die bunten Boote. Ahoi!

FAZIT: NACH DIESEM AUSFLUG BRAUCHT MAN KEIN MEER MEHR. ERST AUF DEM SCHLUCHSEE SEGELN, DANN INS BAUMZELT KUSCHELN. SO SIEHT DAS PERFEKTE WOCHENENDE AUS!

Stark für Bayern

FLIEGEN ÜBER DIE TANNEN

… bei einem Actionwochenende rund um Wolfach

#46

Der erste Schritt ist der schwerste. Hinab von der sicheren Holzplattform, ins Bodenlose. Auch wenn der Verstand weiß, dass der Gurt sitzt und die Karabiner halten – das Herz klopft trotzdem wild. Jetzt noch ein Schritt, und es wird unbeschreiblich: Fliegen über die Schwarzwaldtannen!

#Adrenalinschub #amSeil #WasfüreineFahrt

Erst einklinken, dann losfliegen: Was für eine Fahrt!

Zzzzzz. Zzzzzz. Zzzzzz. Die Seilrolle surrt übers Drahtseil. Der Fahrtwind weht durch die Haare. Das Adrenalin schießt durch den Körper. Wow – was für ein Erlebnis!

Auch wer normalerweise eher nicht zu den allermutigsten Menschen gehört: Dieses Erlebnis kann sich jeder zutrauen. Erst mal geht's locker los, auf zwei Übungsbahnen. Die Guides sind immer dabei, erklären, machen Mut, und fliegen voraus.

Seit März 2012 gibt's die Hirschgrund Zipline Area, versteckt in einem Seitental im mittleren Schwarzwald. Zwischen den Bäumen, mitten im Wald. Kein Trubel. Schmale Pfade. Ruhe. Platz. Natur. Und die Ziplines. Mitmachen kann eigentlich jeder. Man muss aber mindestens 40 Kilogramm auf die Waage bringen, und bei 115 Kilogramm ist Schluss.

Der Parcours hat sieben verschiedene Seilbahnen, alle unterschiedlich lang und hoch. Am Ende wartet die Gründlebahn, 570 Meter lang, 83 Meter hoch: die längste Natur-Zipline Deutschlands, versprechen die Betreiber. Länger als eine Minute ist jeder in der Luft, rauscht mit 45 bis 50 Stundenkilometern über die Tannenspitzen. Mittlerweile hat man sich an den Schritt ins Bodenlose gewöhnt. Bahn frei, einklinken ins Drahtseil – und losfliegen! Whoooooooo ...

Am nächsten Tag wartet dann noch ein echtes Schwarzwalderlebnis: In der Dorotheenhütte in Wolfach arbeiten die letzten traditionellen Glasmacher und Glasschleifer. Ihnen kann man bei der Arbeit über die Schultern schauen und beobachten, wie aus Bleikristall Glasgegenstände werden – mundgeblasen und von Hand geschliffen und graviert.

Hin & weg: Zur Hirschgrund-Zipline im Heubachtal, bei Wolfach und Schiltach, geht's mit dem Auto über eine schmale Talstraße. Eine Anfahrtsskizze erhält man bei Buchung. Mit dem Zug: Vom Bahnhof Schiltach zu Fuß entlang der Straße (45 Min.).

Beste Zeit: Mitte März–Mitte November.

Dauer: 2,5 Std., Termine nur nach Buchung (www.hirschgrund-zipline.de).

Ausrüstung: Outdoor-Kleidung und stabile Schuhe sind wichtig, Gurt, Helm, Karabiner und Seilrolle werden gestellt.

Wenn es Nacht wird: Ab ins gemütliche Podhaus aus Holz auf dem Äckerhof in St. Roman. Schwarzwaldhöhen, Sonnenuntergang, Sternenhimmel: Nach einem Action-Tag der perfekte Gegenpol (www.aeckerhof.de).

Und nicht nur das: In der Dorotheenhütte kann jeder selbst aktiv werden. Die Glasbläser zeigen, wie man mit dem Mund und einem langen Blasrohr eine eigene Glasvase herstellt. So entstehen ganz individuelle Kunstwerke zum Mitnehmen. Wer sich für die Geschichte interessiert, findet im Glasmuseum Gläser, Schalen und Vasen aus 2000 Jahren. Natürlich gibt's auch einen Shop und ein Restaurant. Trotz dem Mix aus Tradition, Show und Shopping ein wirklich tolles Ausflugsziel – und das nicht nur für Glasfans (www.dorotheenhuette.info).

FAZIT: MIT WAHNSINNSTEMPO ÜBER DIE TANNEN FLIEGEN? UNBEDINGT! DAS IST WAS FÜR ALLE, DIE ACTION LIEBEN. UND RUHE. DENN HIER IM KINZIGTAL GIBT ES BEIDES.

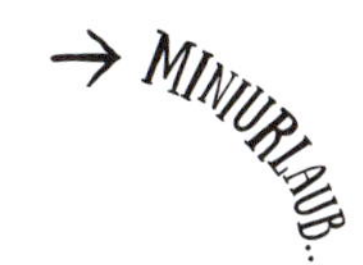

HOCH-PROZENTIGE TOUR

... in Sasbachwalden

Weinberge, Wiesen, Wälder: Sasbachwalden ist ein Paradies für Bewegungsjunkies. Der schöne Winzerort mit den herrlichen Fachwerkhäusern lockt zudem mit einer ganz speziellen Tour: In kühlen Brunnen liegen echte Schwarzwälder Spezialitäten. Der Schnapsbrunnenweg ist was für echte Genießer!

#Prost #Schnapsbrunnen #wandernundprobieren

Alle elf schafft wohl niemand. Denn diese Brunnen haben es wirklich in sich! Die Schnapsbrunnen in Sasbachwalden liegen an herrlichen Aussichtspunkten – und sind immer gut gefüllt. Himbeerlikör oder Mirabellenschnaps, Heidelbeerlikör oder Pflümli. Und natürlich das berühmte Schwarzwälder Kirschwasser. Sasbachwalden verführt jeden zum Schnäpseln!

Doch zuerst müssen die Brunnen erwandert werden. Die nördliche Schnapsbrunnenrunde führt vom Kurhaus Sasbachwalden aus erst einmal steil bergauf. Das Ziel: die Gaishölle, eine ca. 800 Meter lange wildromantische Schlucht. Unzählige Stufen und 13 Brücken führen hinauf, über Felsen und Wasserfälle. Wer oben angekommen ist, kann entspannt weiterspazieren, durch Wald und Wiesen, Obstanlagen und Weinberge.

Die kühlen Liegeplätze der edlen Schnäpse kann keiner verpassen, Schilder weisen den

Hin & weg: Mit der Bahn bis Achern, weiter mit dem Bus. Der Rundweg startet und endet am Kurhaus Sasbachwalden.

Beste Zeit: Die Schnapsbrunnen sind ganzjährig geöffnet, große Auswahl gibt's im Sommer. Abends werden die Flaschen bis zum nächsten Morgen unter Verschluss genommen.

Dauer: Für den 7 km langen Schnapsbrunnenweg I mit 7 Schnapsbrunnen braucht man rund 2,5 Std.

Ausrüstung: Wanderschuhe und Kleingeld, damit die Schnapskasse gefüllt werden kann.

Wenn es Nacht wird: Für eine Übernachtung empfiehlt sich das Naturhotel Holzwurm (www.naturhotel-holzwurm.de) – da schläft man herrlich ruhig im historischen Fachwerkhaus, mit alten Balken und Lehmwänden. Der Blick frühmorgens aus dem Fenster in die grünen Weinberge ist super – genau wie das Frühstück.

Picknick in der Natur: Eine Vesperpause im Freien gehört zu jeder Wanderung dazu. In Sasbachwalden steht das passende Verdauungsschnäpsle auch schon bereit.

Weg. Weingüter und Bauernhöfe haben ihre Schnapsstationen ganz unterschiedlich gestaltet. Ein roter Steintrog mit kühlem Wasser oder ein herrlicher Holzschrank mit Türen zum Öffnen: Der Inhalt überzeugt immer. Neben den hochprozentigen Spezialitäten gibt's auch Antialkoholisches. Und eine kleine Kasse: Einen Euro kostet ein Schnapsglas voll.

Bleibt eigentlich nur noch eine Frage offen: Kirsch oder Pflaume? Gut, dass es bis zur nächsten Vesperstube nicht weit ist. Unterwegs gibt es viele davon, typische saisonale Straußwirtschaften mit Flammkuchen und Schinkenvesper.

FAZIT: WAS FÜR EINE KOMBI! HERRLICHE NATUR UND EDLE SCHNÄPSE. KÜHLE GETRÄNKE OHNE ALKOHOL GIBT'S AUF DER RUNDE NATÜRLICH AUCH. NA DANN: PROST Z'SÄMME!

RITTERLICHE RADTOUR

… entlang der Kinzig zum Schloss Ortenberg

Mittelalterliche Fachwerkorte, alte Klostermauern und ein badisches Märchenschloss: Diese Radtour entlang der Kinzig ist eine Reise in die Vergangenheit. Hin geht's mit der Bahn, ab Alpirsbach rollt das Rad immer flussabwärts.

#Flusstour #Märchenschloss #KinzigRadeln

Badisches Märchenschloss: die Jugendherberge in Ortenberg.

→ MINIURLAUB …

Bahnhof Alpirsbach. Wer hier samt Rad aus dem Zug steigt, ahnt nicht, dass nur ein paar Straßen weiter das Mittelalter beginnt. Mitten im Ort steht sie, die Klosteranlage aus rotem Sandstein. Beim Gang durch den Kreuzgang taucht man ein in die Geschichte der Benediktinermönche, die das Kloster im 11. Jahrhundert gründeten.

Über Schenkenzell geht die Fahrt entlang der Kinzig flott voran und hinein nach Schiltach, ins »Städtle«. Rund um den historischen Marktplatz und in den romantischen Gässchen steht ein Fachwerkhaus neben dem anderen. Das schönste: der neu renovierte Gasthof Adler mit dem roten Fachwerk und dem Erker.

Das Rad rollt weiter auf dem Kinzigtalradweg. Die Kinzig sprudelt über Schwellen und Steine. Kaum zu glauben, dass dort mehr als 600 Jahre lang Flößer unterwegs waren. Ihre Arbeit war hart, ihre Ladung wertvoll: Sie verschifften

Holz aus dem Schwarzwald bis zum Rhein. Im Flößermuseum Wolfach, direkt am Radweg, wird ihre Geschichte lebendig. Hinter Wolfach fließt die Kinzig ruhig durchs grüne Tal. Hausach. Fischerbach. Dann Haslach, die mittelalterliche Marktstadt. Kaffeepause, dann entspannt weiter, vorbei an Obstwiesen und Sonnenblumen. Immer flussabwärts, die Berge des Kinzigtals im Blick. Herrlich, so eine Flussabfahrt. Steinach. Biberach. Gengenbach, die mittelalterliche Stadt der Türme und Tore. Von Weitem sieht man schon

Der Kinzigtalradweg führt erst ins mittelalterliche Gengenbach (links) und zum Abschluss auf den Schimmelturm (rechts).

den Kinzigtorturm: Der Radweg führt durchs Tor zum Marktplatz. Dort parkt das Rad neben dem steinernen Ritter. Pause!

Gengenbach ist ein einziges großes Freilichtmuseum. Ein Spaziergang entlang der historischen Stadtmauer muss sein, am Wochenende kann man auf einen der Museumstürme steigen (www.stadt-gengenbach.de). Besonders märchenhaft ist Gengenbach im Winter. Dann verwandelt sich das Rathaus in einen riesigen Adventskalender.

Hinter Gengenbach schlängelt sich der Radweg entlang grüner Felder und durch die Weinberge. Das Ziel thront auf dem Berg: Schloss Ortenberg, das badische Märchenschloss. 1678 zerstört, im 19. Jahrhundert wieder aufgebaut – zum Glück! Dort oben schläft man herrlich, und die Preise sind bezahlbar. Im Schloss ist nämlich kein Luxushotel eingezogen, sondern eine Jugendherberge.

Doch wer hoch oben wie einst die Ritter übernachten will, muss steil bergauf bis zum Burgtor. Am nächsten Morgen nach dem Frühstück im Schlosssaal geht es noch höher hinauf: auf den Schimmelturm. Vor einem liegt das Schloss, dahinter die grünen Weinberge, und der Blick geht zurück ins Kinzigtal. Auf der anderen Seite liegt Offenburg. Nur fünf Kilometer sind es bis dort – dann rollt das Rad entspannt nach Hause. Mit dem Zug!

FAZIT: EINE FAHRT DURCH DAS ROMANTISCHE KINZIGTAL IST EIN ERLEBNIS. UND DIE NACHT IM SCHLOSS ERST! IM HISTORISCHEN SCHLOSSSAAL SPEIST MAN WIE DIE RITTER …

Hin & weg: Mit der Ortenau-S-Bahn von Freiburg über Offenburg nach Alpirsbach; wer weniger weit radeln will, steigt einfach schon früher aus.

Beste Zeit: Besonders schön im Frühsommer und Herbst.

Dauer & Strecke: 4,5 Std., 60 km.

Ausrüstung: Fahrrad und Helm.

Wenn es Nacht wird: Übernachten wie die Ritter kann man auf Schloss Ortenberg (Burgweg 21) in der preiswerten Jugendherberge mit 146 Betten und Traumblick (Informationen und Reservierung: www.jugendherberge.de).

NATUR PUR

Für ein Bad im Wald braucht man nur Zeit. Am besten ein ganzes Wochenende lang. Wilde Wälder, seltene Pflanzen, besondere Tiere, stille Moore und tiefe Karseen: Wer im Nationalpark Schwarzwald unterwegs ist, der spürt Natur pur. Und zwar ein bisschen wilder als anderswo. Das entspannt jeden – ganz ohne Badewanne.

#Nationalparktour #badenimWald #Naturpur

Wilder Wald: Im Nationalpark Schwarzwald ist man am besten zu Fuß unterwegs – oder mit dem Sessellift.

Langsam sind die Schritte. Einfach mal gehen, sehen, genießen. Zur Ruhe kommen. Den Wald erleben, und zwar mit allen Sinnen. Den Stamm einer Tanne berühren. Wolken beobachten. Dem Vogelgezwitscher zuhören. Und Neues lernen. Dass hier im Nationalpark der schnellste Vogel der Welt lebt, der Wanderfalke, zum Beispiel. Oder die kleinste Eule Europas, der Sperlingskauz. Wer weiß das schon? Zu entdecken gibt es so viel. Außergewöhnliche Tiere und spezielle Pflanzen leben auf den rund 10 000 Hektar geschützter Fläche, zwischen Baden-Baden und Freudenstadt.

Mit den Profis, den Nationalpark-Rangern, geht's auf Tour. 300 Veranstaltungen bietet das Team im Jahr: Fotosafari, Tierspurenexpedition, Kräuterwanderungen, spirituelle Radtouren und vieles mehr. Wilde Wanderungen sind dabei und tierische Touren. Was soll man da zuerst machen? Viele der Angebote sind kostenlos, allerdings muss man sich davor anmelden. Vor der Fahrt in den Nationalpark ist deshalb eines unbedingt Pflicht: das Programm genau durchforsten und sich was Spannendes aussuchen (www.schwarzwald-nationalpark.de).

Lieber alleine und im eigenen Tempo unterwegs? Den Nationalpark druchziehen mehr als 400 Kilometer Wanderwege, Rad- und Reitwege – da gibt's so viele schöne Möglichkeiten. Zum Beispiel am Ruhestein. Hochfahren mit dem Sessellift, dann über die baumfreien Bergrücken spazieren, die Grinden, Beeren-

---

Hin & weg: Der Nationalpark Schwarzwald liegt direkt an der Schwarzwaldhochstraße (B 500). Das Nationalparkzentrum am Ruhestein ist per Bus oder Auto gut zu erreichen. Mit dem Nationalparkticket ist man vor Ort umweltfreundlich mobil. Im Nationalparkzentrum am Ruhestein gibt's Infos, Karten und eine Ausstellung (www.schwarzwald-nationalpark.de).

Beste Zeit: Von der Sonnenaufgangstour bis zur Sternenwanderung, bei Schnee, Nebel oder Sonne: Mit der richtigen Kleidung ist der Nationalpark zu jeder Zeit ein großartiges Erlebnis.

Dauer & Strecke: Rundwanderung vom Ruhestein zur Darmstädter Hütte 2 Std. und 5,6 km.

Ausrüstung: Festes Schuhwerk und Regenschutz, zudem etwas zum Trinken und Essen.

Wenn es Nacht wird: Übernachten kann man herrlich ruhig mitten im Hochmoor des Nationalparks, hoch oben auf 1030 Metern in der Darmstädter Hütte. Hin geht's nur zu Fuß, von der Bushaltestelle Ruhestein beim Nationalparkzentrum in etwa 30 Minuten (www.darmstaedter-huette.de).

sträucher und das Heidekraut bestaunen. Durch den wilden Wald streifen (zum Schutz von Tieren und Pflanzen muss man aber auf den Wegen bleiben), über knorrige Wurzeln klettern. Tannenzapfen sammeln. Und staunen: Da, tief unten, zwischen steilen Felswänden, liegt er. Dunkel und friedlich, der Wilde See. Heute ist die Darmstädter Hütte das Ziel. Doch beim nächsten Mal geht die Tour dann hinab zu den geheimnisvollen Ufern. Ganz sicher!

FAZIT: ACHTUNG, SUCHTGEFAHR! DER NATIONALPARK IST EINFACH EINMALIG IM SCHWARZWALD. WER EINMAL HIER DIE WILDE NATUR ERLEBT HAT, KOMMT IMMER WIEDER.

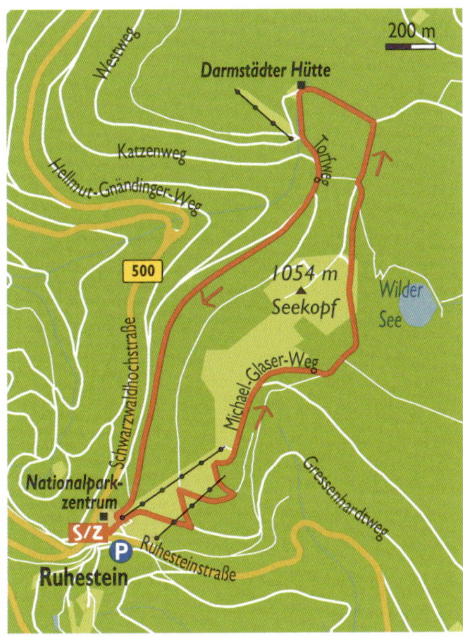

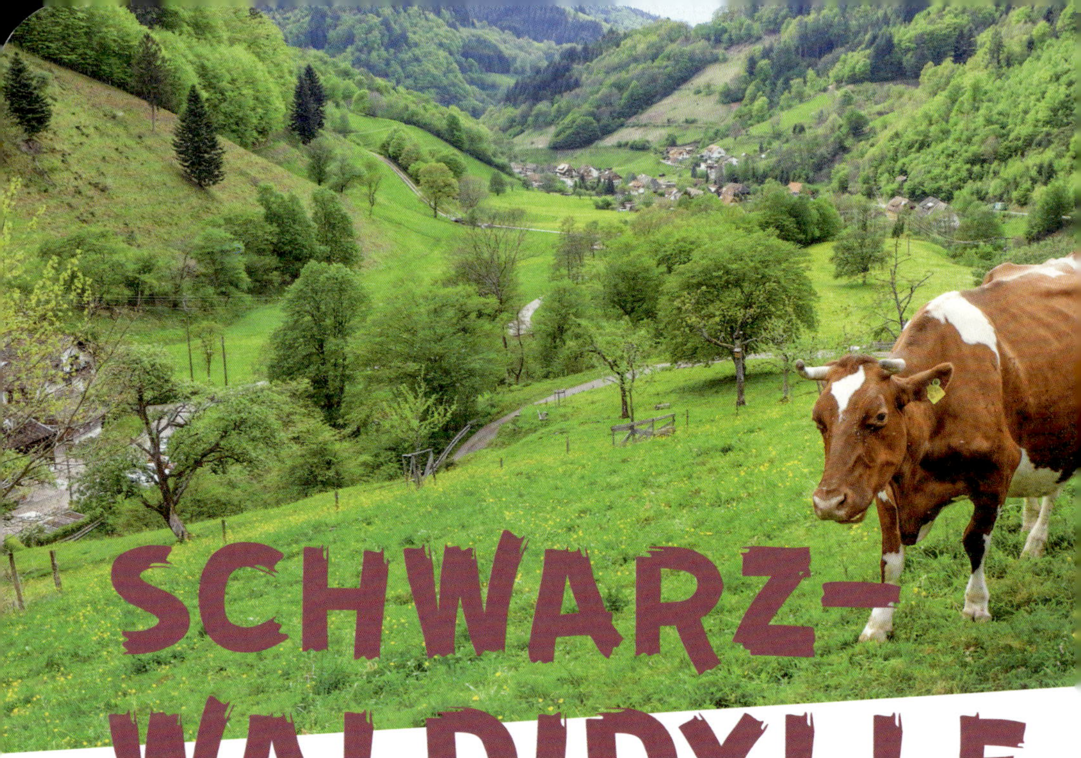

SCHWARZ-WALDIDYLLE

... im Münstertal

#50

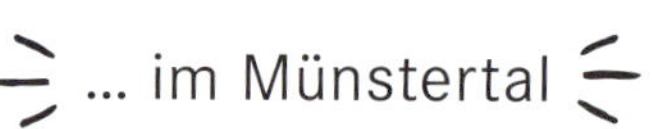

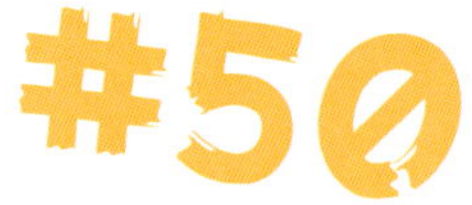

Zwei dunkle Kuhaugen schauen einem ins Gesicht. So nah gibt's eine echte Schwarzwaldkuh selten zu sehen. Ein Griff, und schon könnte man das Tier an den Hörnern packen. Im Münstertal weiden die Kühe quasi mitten im Ort. Und auch sonst hat das urige Südschwarzwaldtal seinen eigenen Charme.

#RuheimSchwarzwaldtal #soeinKäse #ZiegenundKühe

→ MINIURLAUB …

Kühe zum Anfassen: Im Münstertal kommt man dem Schwarzwald ganz nahe. Und im Kloster St. Trudpert findet jeder himmlische Ruhe.

Das Beste am Münstertal: Hier oben ist man sofort in einer anderen Welt. Saftig grüne Wiesen, steile Hänge, gutmütige Kühe. Und mittendrin das herrliche Barock-Kloster St. Trudpert – mit seinem Zwiebelturm das Wahrzeichen der Schwarzwaldgemeinde.

Mehrere Seitentäler warten darauf, entdeckt zu werden. Besonders schön ist es im Ortsteil Kaltwasser, am Fuß des Belchen. Der ist mit seinen 1414 Metern und der runden Kuppe einer der beliebtesten Aussichtsberge im Südschwarzwald. Von Kaltwasser aus erinnert daran nichts: Steil, schroff, felsig ist die Rückansicht. Und das Klima schattig – durch Kaltwasser fegt der Belchenwind.

An einem warmen Sommertag ist die frische Luft herrlich. Auf geht's - zur Kaltwasser-Runde. Zu Fuß kann man das Schwarzwaldleben am besten entdecken. Vom Kloster geht's erstmal entspannt talabwärts, immer am Neumagen entlang. Der Bach gluckst und gluckert vor sich hin.

Grüne Wiesen, schöne Schwarzwaldhöfe und leckerer Ziegenkäse: Das Münstertal ist was für Genießer!

Münstertal hat 15 verschiedene Ortsteile, Rotenbuck ist einer davon. Immer bergauf führt der Weg, Höfe und Berge im Blick. Dann abbiegen ins nächste Tal, Richtung Mulden. Spätestens jetzt beginnt die Schwarzwaldidylle.

Ganz gemütlich spaziert man vorbei an großen Schwarzwaldhöfen mit dem typisch tiefen Dach und bunten Bauerngärten. Autos fahren hier selten, ab und zu ein Traktor. Auf den Wiesen stehen Butterblumen - und Kühe. Rund 120 Höfe gibt's heute noch im Münstertal, die meisten bewirtschaften Teilzeitlandwirte.

Einkehren sollte man unbedingt im Glocknerhof. Die sympathische Familie lebt auf dem mehr als 300 Jahre alten Hof - mit 50 Ziegen und 30 Kühen. Die Tiere helfen dabei, dass die Steilhänge offen bleiben und der Wald sie nicht zurückerobert. Jeden Abend gibt's dasselbe Ritual: Gegen 18 Uhr werden die Kühe von der Weide geholt und gemolken.

Das Kuhspektakel können Gäste live miterleben. Und für Gruppen bietet Bäuerin Cornelia Brenneisen Führungen durch Hof und Käserei. Ihr Käse aus hofeigener Milch und Produktion schmeckt himmlisch! Im Hofladen (Kaltwasser 2) sollte man sich unbedingt fürs Käse-Vesper unterwegs eindecken (www.kaeserei-glocknerhof.de).

Weiter geht's zum Kaltwasserhof. Der Hof wurde als Schwarzwaldhaus 1902 durch eine TV-Doku berühmt. Leben wie vor 100 Jahren war das Motto. Jahrelang lag er verlassen am Wegesrand, nun ist wieder Leben im Hof. Wie vor hundert Jahren grasen an den Steilhängen

---

Hin & weg: Umweltfreundlich mit der Münstertalbahn (»Bähnle«) von Bad Krozingen aus – der Kurort ist mit Regionalzügen von Freiburg oder Basel aus gut zu erreichen.

Beste Zeit: Sommer – dann sind die Wiesen grün, die Kühe auf der Weide und die Bauerngärten bunt.

Dauer & Strecke: Kaltwasserrunde, 3 Std. und 11 km zu Fuß. Wer sportlich ist, kann von hier aus bis zum Belchengipfel aufsteigen.

Ausrüstung: Feste Schuhe, Kleidung für jedes Wetter.

Wenn es Nacht wird: Im Kloster St. Trudpert kann man auch übernachten (www.kloster-st-trudpert.de): Im Gästhaus St. Josef gibt's moderne Einzel- und Doppelzimmer. Wer Ruhe sucht, wird sich bei den Josefsschwestern wohlfühlen. Und wer mag, darf gerne bei den Gebetszeiten dabei sein.

hinter dem Hof die Ziegen und Kühe der Glockners. An ihnen vorbei spaziert man weiter bis zum Bergwerk Teufelsgrund. Bis 1958 wurden Silber, Kupfer und Blei aus dem Berg geholt. Heute kann man im Heilstollen sein Asthma auskurieren. Ja, das gibt's tatsächlich, Heilkuren unter der Erde. Doch auch über der Erde: Ein Aufenthalt im Münstertal tut einfach gut!

Am nächsten Tag lohnt sich ein Abstecher in die benachbarte Faust-Stadt Staufen. Dort den Blick von der Burgruine nicht verpassen. Danach gibt's ein leckeres Hof-Eis in der Eisdiele Kalte Sophie (Hauptstraße 43) und einen Kaffee in der Rösterei Coffee and more neben der Kirche (Johannesgasse 14).

FAZIT: DIE RUHE, DIE LANDSCHAFT, DIE LUFT. DAS MÜNSTERTAL PUNKTET MIT SEINER ABGESCHIEDENEN TALLAGE. WER DAS UNAUFGEREGTE SCHWARZWALDLEBEN ABSEITS DER TOURISTENZIELE KENNENLERNEN WILL, IST HIER RICHTIG.

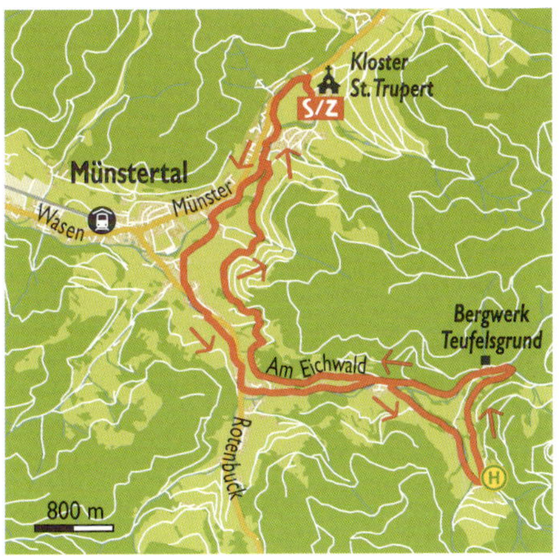

NACHTS IM WILDEN WALD

#51

Einmal in der Natur zelten. Am Feuer sitzen. In den Sternenhimmel schauen. Im Schwarzwald ist das eigentlich verboten. Doch diese Träume werden wahr, in Trekking-Camps mitten im Wald. Wie aber findet man die geheimen Plätze? Schon der Weg ins Camp ist ein großes Abenteuer.

#Trekkingtour #alleineimWald #wildesZeltcamp

Einsames Nachtlager: An der Bösellbachhütte darf das Zelt aufgeschlagen werden. Hier, mitten im Wald, kommt nachts keiner hin.

Die Sonne ist schon untergegangen. Und noch immer geht's den Waldweg bergauf. Schritt für Schritt Richtung Camp. Ist der Weg überhaupt noch richtig? Helfen kann hier in der Wildnis niemand – höchstens das GPS-Gerät. Der Trekking-Rucksack mit Zelt und Schlafsack drückt schwer auf die Schultern. Da, endlich! Geschafft! Die Bösellbachschutzhütte. Schön ist es hier. Es riecht nach Wald. Der Bach plätschert munter. Der Wind surrt. Kein Mensch verirrt sich abends hierher. Außer, er hat ein Zelt dabei.

Das Aufbauen neben der Hütte geht fix. Isomatte und Schlafsack ausrollen – fertig ist das Nachtlager. Jetzt könnte der gemütliche Teil beginnen: Hinter der Hütte wartet Holz fürs Lagerfeuer. Allerdings nicht bei Waldbrandgefahr. Heute bleibt die Küche also kalt. Macht aber nichts. Nach einem anstrengenden Wandertag schmeckt jedes Essen, vor allem wenn man es selbst mitgeschleppt hat. Ach ja: Zeckensuche nicht vergessen, solange noch genügend Licht da ist! Denn es wird immer dunkler zwischen den Tannen. Die ersten Sterne blitzen am Himmel hervor. Ein letzter Blick in den Sommerhimmel, und dann rein ins Zelt. So ein Wandertag ist anstrengend. In der Morgendämmerung erwacht der Wald – und wir mit, bereit für neue Abenteuer.

FAZIT: EINE NACHT IM ZELT, OHNE STROM UND MITTEN IM WILDEN SCHWARZWALD. DAS IST EIN ECHTES ABENTEUER! DAVON WIRD MAN ZUHAUSE NOCH LANGE TRÄUMEN...

Hin & weg: Nur zu Fuß! Zehn Trekking-Camps liegen verteilt über den Nationalpark Schwarzwald und den Naturpark Schwarzwald Mitte/Nord (www.trekking-schwarzwald.de), zwischen Baden-Baden und Freudenstadt. GPS-Daten gibt's nur bei Buchung, Hinweise zum Anfahrtsweg auch. Mehrtägige Wandertouren von Camp zu Camp sind möglich. Trekkingcamps gibt's auch im Südschwarzwald.

Beste Zeit: Mai–Oktober. Vor der Tour unbedingt Wettervorhersage checken. Manche Camps haben eine Schutzhütte, die kann bei Sturm, Gewitter oder Hagel wichtig sein. Dauer: Je nach Tour 2–6 Std.

Ausrüstung: Feste Schuhe, Zelt, Schlafsack, Isomatte. Zudem ausreichend Trinkwasser und Essensvorräte. Auf keinen Fall vergessen: Wanderkarte und ein GPS-Gerät, um das Camp zu finden. Feuerholz für die Grillstelle gibt's, bei Waldbrandgefahr bleibt das Lagerfeuer aus.

Wenn es Nacht wird: Ab ins Trekking-Camp, Wildcampen ist im Schwarzwald verboten!

KNIRSCHEND DURCH EIS UND SCHNEE

... auf Schneeschuhen zwischen Notschrei und Todtnau

#52

Wenn im Schwarzwald frischer Pulverschnee liegt, gibt's kein Halten mehr. An den Skipisten stauen sich die Wintersportler. Doch es geht auch anders: Wer Schneeschuhe anschnallt, hat die zauberhafte Winterwelt oft für sich allein. Was für ein Winterwochenende!

#SchneeunterdenSchuhen #Wintertraum #ganzallein

Die Bäume sind tief verschneit. Eiskristalle glitzern und funkeln. Kein Mensch ist hier oben am Notschrei unterwegs. Es ist still. Nur der Schnee knirscht unter den Schneeschuhen. Wer zum ersten Mal Schneeschuhe unter die Füße schallt, ist auf der Passhöhe zwischen Oberried und Todtnau genau richtig. Der Rundweg am Notschrei-Pass ins Langenbachtal ist perfekt für Anfänger. Schuhe und Stöcke kann man direkt dort, am Loipenzentrum, ausleihen. Auf dem gewalzten Winterwanderweg geht's einfach und ohne Steigung durch den weißen Winterwald. Und der fasziniert schon nach wenigen Schritten. Eiskristalle funkeln im Sonnenlicht. Die frische Luft macht den Kopf frei. Herrlich!

Am nächsten Tag wird's dann alpiner und eher etwas für Fortgeschrittene: Hinauf zum Berggasthof Präger Böden. Der Gasthof liegt einsam auf 1050 Metern, mitten im Naturschutzgebiet des Präger Gletscherkessels. Vor mehr als 20 000 Jahren flossen hier sechs Gletscher zusammen. Eine Rundtour führt durch die einsame Bergwelt des Südschwarzwalds.

Vom Gasthof geht ein Schneeschuhtrail hinauf zum Bernauer Kreuz, die Einheimischen empfehlen aber eine wunderschöne Variante: Entlang des Wanderwegs Unterer Prägerbödenweg hinauf durch den Wald. Der Puls steigt. Ganz schön tief sinkt man in den Schnee, teilweise bis zu den Knien. Ohne Schneeschuhe hätte man hier oben keine Chance. Immer weiter führt der Weg, Richtung Bernauer Kreuz. Verlaufen kann man sich nicht, der Weg ist gut ausgeschildert. Also einsam weiterstapfen. Aus Rücksicht auf Tiere und Natur sollte man bei allem Genuss übrigens unbedingt auf den Wegen bleiben. Und dann eine

---

Hin & weg: Mit dem Auto, weil die einsamen Schneeschuhtrails abseits liegen – wie auch der beim Berggasthof Präger Böden.

Beste Zeit: Frühmorgens, wenn unverspurter Pulverschnee liegt. Unbedingt Wetterbericht checken und auch andere informieren, wo man unterwegs ist!

Dauer: 2–4 Std. pro Tour.

Ausrüstung: Sportkleidung nach dem Zwiebelprinzip, Handschuhe, Mütze, Schneeschuhe, Stöcke mit Tiefschneeteller. Ganz wichtig: knöchelhohe, wasserdichte Schuhe. Schneeschuhe gibt's überall zu leihen, zum Beispiel direkt am Notschrei.

Wenn es Nacht wird: Der Berggasthof Präger Böden (www.praegerboeden.de) ist einfach und ruhig. Wer mehr Komfort und eine tolle, regionale Küche mag, sollte im Dorfgasthaus Das Rößle in Todtnau-Geschwend absteigen. Das historische Gasthaus aus dem Jahr 1773 wurde von einer Genossenschaft gerettet, saniert und 2013 wieder eröffnet (www.dasroessle.de).

Zauberhafter Wintertag: Wer mit Schneeschuhen unterwegs ist, findet Ruhe im Schwarzwald. Bergab durch den Tiefschnee macht eine Tour besonders viel Spaß.

Hochebene. Plötzlich, am Horizont, blitzen sie auf: die Alpen. Schneebedeckte Gipfel, einer neben dem anderen. Jetzt ganz, ganz tief durchatmen – und genießen!

Fehlt nur noch ein nette Unterkunft. Aber keine Sorge – in Todtnau-Geschwend wird man auf jeden Fall fündig. Und bei einem Spaziergang durchs verschneite Dorf kann man neben einem historischen Gasthaus 15 weitere alte Schwarzwaldhäuser bestaunen, die immer noch bewohnt sind.

FAZIT: ABSOLUTER GEHEIMTIPP: WER RUHE UND NATUR SUCHT, SCHNALLT SICH SCHNEESCHUHE AN UND GEHT LOS. EINFACH TRAUMHAFT!

SONST NOCH WICHTIG

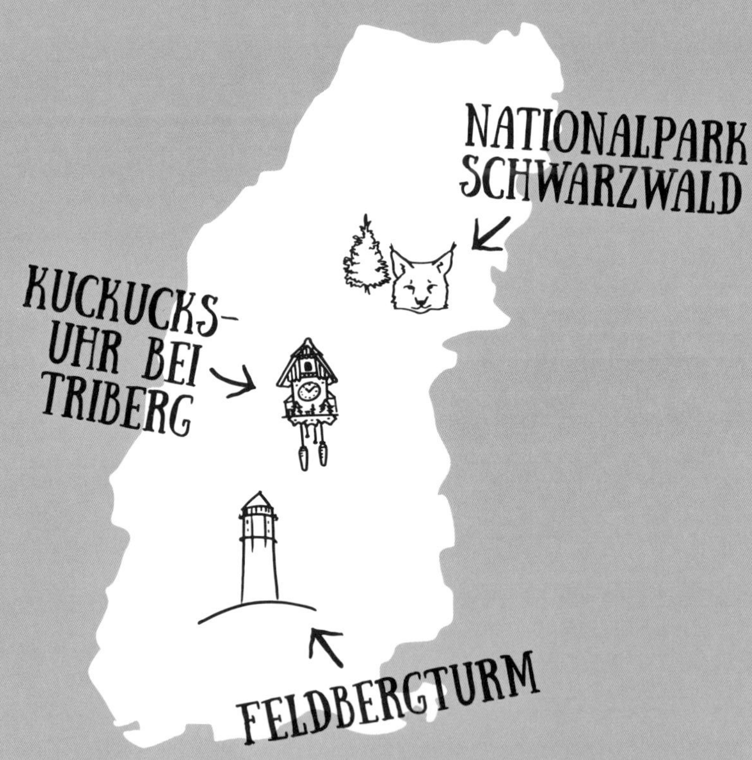

Ein- und Überblick

Karten für den schnellen Überblick, ein Ortsregister, praktische Tipps sowie mehr über die Autorin und ihre liebsten Empfehlungen gibt es auf den folgenden Seiten.

GPX-Download aufs Smartphone – so geht's

Voraussetzung:
Eine Outdoor-App muss installiert sein, z. B. KOMPASS, Outdooractive oder Komoot. Zum Einlesen des QR-Codes benötigen ältere Android-Geräte eine QR-Code-App. Bei neueren Android- und iOS-Geräten ist diese Funktion in der Kamera integriert.

Daten downloaden:
1. Den QR-Code einlesen oder die Webadresse im Browser eingeben, um auf die Eskapaden-Website zu gelangen.
2. Die gewünschte Tour zum Download anklicken.
3. Bei iOS-Geräten werden die GPX-Daten direkt mit der vorab installierten App verknüpft. Bei Android-Geräten muss ggf. noch ein Weiterleiten-Button geklickt werden (z. B. oben rechts im Display). Manche Apps zeigen den Tourverlauf starr an, andere haben eine Navigationsfunktion dabei.

Tourenverlauf
GPX-Daten zum kostenlosen Download
www.dumontreise.de/eskapaden/schwarzwald
short.travel/dcr3e

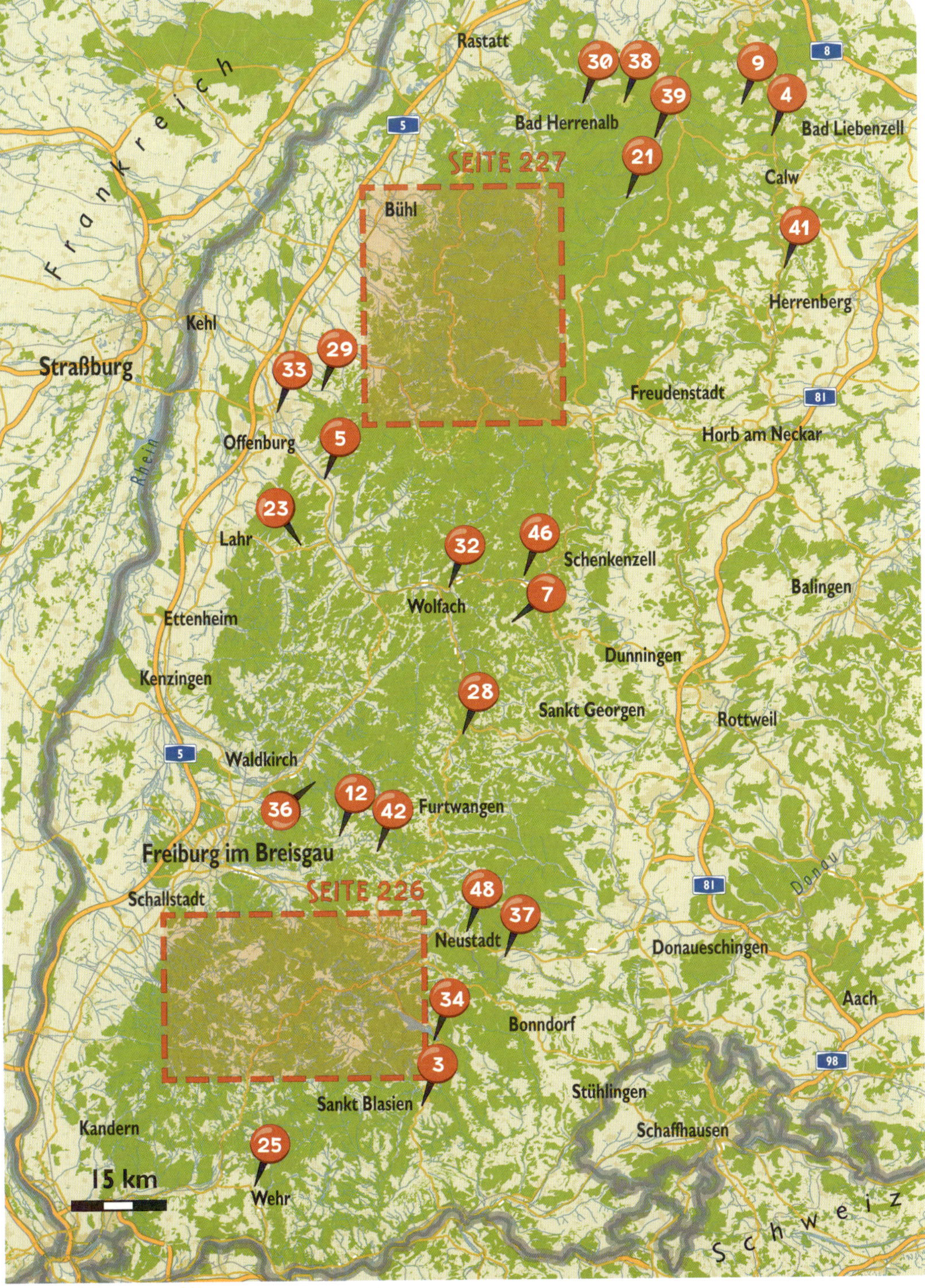
Rastatt
Frankreich
Bad Herrenalb
Bad Liebenzell
Calw
SEITE 227
Bühl
Herrenberg
Kehl
Straßburg
Freudenstadt
Horb am Neckar
Offenburg
Rhein
Lahr
Schenkenzell
Wolfach
Balingen
Ettenheim
Dunningen
Kenzingen
Sankt Georgen
Rottweil
Waldkirch
Furtwangen
Freiburg im Breisgau
Schallstadt
SEITE 226
Donau
Neustadt
Donaueschingen
Aach
Bonndorf
Stühlingen
Sankt Blasien
Schaffhausen
Kandern
15 km
Wehr
Schweiz
5
8
81
98
30
38
9
4
39
21
41
29
33
5
23
32
46
7
28
12
42
36
48
37
34
3
25

Sölden
Horben
Oberried
Breitnau
26
22
6
40
St. Ulrich
Hofsgrund
Titisee
Hinterzarten
Titisee
24
18
31
317
Spielweg
50
20
19
43
317
500
8
27
Todtnauberg
Fahl
Feldberg-Ort
Wieden
Aftersteg
15
Brandenberg
44
45
16
2
Todtnau
52
17
10
Untermulten
Menzenschwand
Schluchsee
317
2
Aitern
Bernau im Schwarzwald
Neuenweg
Blasiwald
Tunau
Oberlehen
3 km
Schindeln

Eisental
Langenbrand
3
Bühl
13
Bühlertal
Forbach
Riegel
Waldmatt
31
Schwarzenbach-
Talsperre
500
Lauf
462
Nationalpark
47
Schwarzwald
Schönmünzach
Furschenbach
Seebach
49
35
51
Ottenhöfen
Obertal
14
500
Tonbach
Lautenbach
11
Baiersbronn
3 km
Oppenau
Kniebis

NOCH MEHR ESKAPADEN …

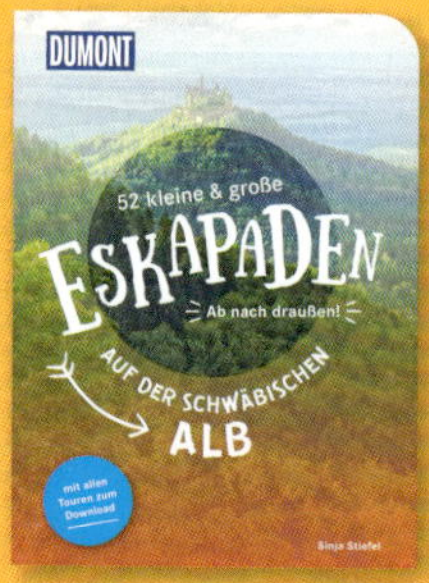

ISBN 978-3-7701-8077-6

ISBN 978-3-7701-8090-5

ISBN 978-3-616-02823-1

 … erhalten Sie im gut sortierten Buchhandel und unter www.dumontreise.de 

IMPRESSUM

Reihenkonzept Monique Sorban

Projektmanagement Svenja Heinle, Monique Sorban, Tamara Siedler

Cover-/Buchgestaltung & Illustrationen Carolin Weidemann, Köln, www.weidemann-design.com

Lektorat & Produktion Verlagsbüro Wais & Partner, Stuttgart (Melanie Kattanek, Beate König, Julia Kant, Kai Wieland, Maximilian Göbel), www.wais-und-partner.de

Fotos Yvonne Weik, Stuttgart; mit folgenden Ausnahmen: S. 5 (Philip Kottlorz); S. 18 re., 86 (Klaus Hansen); S. 72, 73 li. u. (Luftsportgemeinschaft Hotzenwald e.V.); S. 74, 76, 77, 160 u., 162, 163 (Kathrin Blum); S. 82 re. (Tourist-Info Bernau); S. 54, 57, 82 li., 84, 85 (Hochschwarzwald Tourismus GmbH); S. 88 (Christopher Swiatkowski); S. 108, 110, 111 (Michael Trefzer); S. 160 o. (isocont GmbH/Peter Mast), S. 184, 185 (Georg Bruder)

Kartografie Madlen Keilhauer, Oliver Rau; © MAIRDUMONT, Ostfildern; © KOMPASS, Innsbruck, unter Verwendung von Kartendaten von © OpenStreetMap-Mitwirkende, Lizenz CC-BY-SA 2.0

Printed in Poland

7. Auflage 2024

ISBN 978-3-616-02820-0

www.dumontreise.de

GUT ZU WISSEN ...

Weiterlesen

Im Schwarzwald gibt's nicht nur Natur! Rezepte, Tipps für draußen und Ausflugsziele im mittleren und nördlichen Schwarzwald gibt's im Magazin »heimat« (www.heimat-ortenau.de). Wer weiter im Süden unterwegs ist: www.hochschwarzwald.de/reisemagazin liefert spannende Menschen, historische Geschichten und Tipps für alle Jahreszeiten.

Geschmackssachen

Kein Schwarzwaldtrip ohne Klassiker: Brägele mit Bibiliskäs gibt's am Raimartihof (#40), leckere Kirschtorte bei den Landfrauen in der Krone St. Märgen (#42). Nicht verpassen: Münstertäler Käse vom Glocknerhof (#49) und ein Viertele Klingelberger Riesling mit Blick auf Durbachs Weinberge (#29).

Ohne Auto

Viele Ziele im Schwarzwald sind mit öffentlichen Verkehrsmitteln erreichbar. Bus- und Bahnverbindungen gibt's auf www.bahn.de. Wer übernachtet, kriegt die Konus-Gästekarte – und freie Fahrt mit Bus und Bahn (www.konus-schwarzwald.info). Im Sommer fahren Rad- und Wanderbusse (www.schwarzwald-tourismus.info oder suedbadenbus.de). Manches geht aber am einfachsten mit dem Auto. Wer keins hat: Vor Ort gibt's E-Carsharing (www.hochschwarzwald.de/carsharing).

Sicherheit & Notfälle

Wer Hilfe braucht, wählt die internationale Notrufnummer 112. Dort werden zentral Rettungskräfte alarmiert, bei Bedarf auch die Bergwacht Schwarzwald.

Vor Ort im Netz

Schöne Fotos und Videos gibt's auf instagram.com/michael. .corona. Wandertipps auf www.facebook.com/rainerundclaudia. Und wie der Schwarzwald schmeckt, erklärt Silke im Foodblog www.blackforestkitchenblog.com

ESKAPADEN-REGISTER ...

Alle Orte mit Seitenverweisen

YVONNE WEIK

... über die Autorin

Es riecht nach Sommer. Nach Wald. Und nach Abenteuer! Auch wenn Yvonne leidenschaftlich gerne mit ihrer Familie mitten im Stuttgarter Westen lebt, zieht es sie immer wieder hinaus. Raus aus der Stadt und rein ins Abenteuer. Denn das wartet zum Glück nicht nur am anderen Ende der Welt ...

Ob nach Feierabend oder am Wochenende: Die vom Fernweh geplagte Journalistin entdeckt am liebsten fremde Orte. Und spürt dabei nur zu gerne die Sonne im Gesicht und den Wind in den Haaren. Geboren in Freiburg, hat das Schwarzwaldmädel nun ihre wunderschöne Heimat neu kennengelernt. Davon und von der weiten Welt erzählt sie auf www.frolleinweik.de

Der Feldberg ruft

Eskapade #24: Ausgeschilderte Rundwanderungen auf dem höchsten Gipfel gibt's einige. Doch es geht auch anders! Wer den verborgenen Alpinen Pfad am Feldberg gehen will, braucht Orientierung und Schwindelfreiheit.

Auf schmalem Grat

Eskapade #35: Klettern ohne Seil und Haken? Na klar geht das! Der Karlsruher Grat, der einzige Klettersteig des Nordschwarzwalds, lockt mit alpinen Herausforderungen – und tollem Blick ins Land. Auch Kletteranfänger sind dort gut aufgehoben.

5 BESONDERE EMPFEHLUNGEN ...

Nix für Landratten

Eskapade #45: Im Schwarzwald kann man nur wandern? Von wegen! Der Schluchsee bietet Wind und Wasser. Segeln auf 1000 Metern Höhe mit Blick auf die Schwarzwaldberge, das ist einmalig in Deutschland!

Natur pur

Eskapade #49: 15 Nationalparks gibt's in Deutschland, aber nur einen im Schwarzwald. Der punktet mit Wildnis, Abenteuer und ganz viel Wald! Hinfahren und erleben, am besten bei einem der Nationalparkangebote.

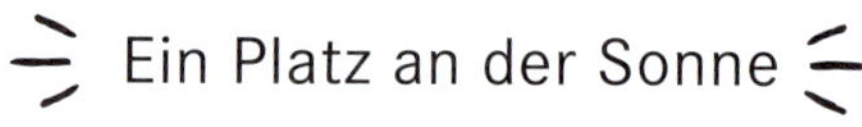

Ein Platz an der Sonne

Eskapade #1: Wer einmal da war, kommt immer wieder: Der Sonnenaufgang vom Belchengipfel ist spektakulär. Dafür lohnt sich das frühe Aufstehen – im Sommer, aber auch im Winter.